BASTEI
LÜBBE

# Günter Strack
# Ein Stück vom Glück

---

Der berühmte
Schauspieler erzählt aus
seinem Leben

BASTEI
LÜBBE

BASTEI-LÜBBE-TASCHENBUCH
Band 12598

1.–2. Auflage Dezember 1996


Ungekürzte Taschenbuchausgabe
Herausgeber: Bastei Verlag Gustav H. Lübbe GmbH & Co.,
Bergisch Gladbach
Printed in Germany
Einbandgestaltung: Roland Winkler
Titelfoto: W. Rabanus
Fotos Inhalt: Privatarchiv G. Strack, Pressestelle ZDF,
Bildredaktion SAT. 1/Castell-Rüdenhausen,
Bild am Sonntag/Knobloch
Satz: Schmitz Kommunikation
Druck und Bindung: Ebner Ulm
ISBN 3-404-12598-3

*Dieses Buch entstand nach Gesprächen
mit Claudia und Thomas Lardon.*

*Die Redaktion besorgte Erika Büttner.*

INHALT

Vielleicht bin ich an einem glücklichen Tag geboren oder unter einem guten Stern. Vielleicht hat meine Mutter mir ihr fröhliches Naturell vererbt, oder die sonnige Gegend, aus der ich stamme, hat mich geprägt.

Ich glaube, ich zähle zu den glücklichen Menschen. Meine Familie, mein Beruf, das Leben überhaupt und der Wein – alles ist gut. Davon will ich erzählen. Auch von Traurigem – ohne Leid wüßte man die schönen Tage nicht zu schätzen.

Mit meiner Frau Lore bin ich bald vierzig Jahre glücklich verheiratet. Ihre Gedanken und Ideen sind hier und da in mein Buch eingeflossen – Lores Gedankenwelt ist mir sehr vertraut. Und manchmal kommt sie selbst zu Wort. Da, wo es um ihre ganz besondere Sicht auf unsere Beziehung und auf unsere Familie geht.

Die Erfahrungen der Jahre haben uns nachdenklich gemacht. Wo ist der Sinn unseres Daseins? Wofür lohnt es sich zu leben? Gibt es einen Gott, der unsere Wege lenkt? Leben wir gut genug miteinander, im Kleinen und im Großen? Es gibt keine Rezepte. Aber Maximen.

Im Alten Testament findet sich bei dem Prediger Salomo folgender Vers, nach dem es sich zu leben lohnt:

*Iß freudig dein Brot,*
*und trink vergnügt deinen Wein;*
*denn das, was du tust,*
*hat Gott längst so festgelegt,*
*wie es ihm gefiel.*

*Trag jederzeit frische Kleider,*
*und nie fehle duftendes Öl auf deinem Haupt.*

*Mit einer Frau, die du liebst,*
*genieße das Leben,*
*alle Tage deines Lebens voll Windhauch,*
*die er dir unter der Sonne geschenkt hat,*
*alle deine Tage voll Windhauch.*

*Denn das ist dein Anteil*
*am Leben und an dem Besitz,*
*für den du dich unter der Sonne anstrengst.*

(Prediger 9,7)

# KAPITEL 1

## LIEBENDE ERINNERN SICH AN ALLES

(Ovid)

November war es, als ich Lore kennenlernte. Wir spielten im Wiesbadener Opernhaus die „Elisabeth von England" von Ferdinand Bruckner. Ich spielte darin den Plantagenet und hatte ein sehr schmuckes rotes Kostüm an.

Ich war noch sehr jung, gerade mal zweiundzwanzig. Es lief alles gut an diesem Abend, und wir hatten einen riesigen Schlußapplaus. Der Vorhang wurde immer wieder gehoben und jedesmal, wenn wir Schauspieler artig der Applausordnung nach vortraten, um uns zu verbeugen, schaute ich in Richtung Proszeniumsloge. In dieser Loge saß, im ersten Rang, links von der Bühne aus, eine wunderschöne junge Frau.

Ich war fasziniert, schaute so oft ich konnte zu ihr hin. Unsere Blicke trafen sich, und einmal lächelte sie sogar. Ich wußte, daß die Proszeniumsloge unserm Verwaltungsdirektor Müller zur Verfügung stand, einem gestrengen Herrn. Ich nahm mir vor, ihn trotzdem zu fragen, wer sie war.

Später an diesem Abend sah ich sie in der Theaterkantine wieder, wo sich alle Schauspieler und die anderen Mitarbeiter

des Theaters nach der Vorstellung gewöhnlich trafen. Sie hatte also irgendwelche Verbindungen zu unseren Theaterkreisen.

Fast wäre sie mir dann doch noch entwischt. Sie verließ mit der Dame, mit der ich sie auch in der Loge gesehen hatte, das Theater.

Ich mußte einfach hinterher, ich mußte sie auf irgendeine Weise kennenlernen.

Auf dem Vorplatz fand ich sie dann, im Gespräch mit besagtem Verwaltungsdirektor. Der kam mir unbewußt zu Hilfe. Er stellte mich den Damen vor.

Ich sah nur Lore. Sie stand auf einem Kanaldeckel und flehte innerlich, wie sie mir später erzählte, daß sich dieser unter ihr auftun und sie verschlucken würde. So verlegen war sie. Den Kanaldeckel haben wir uns übrigens viele Jahre später nochmal gemeinsam angeschaut.

Ich habe die darauffolgende Nacht kein Auge zugetan, und Lore wohl auch nicht, wie sie mir später gestand.

Gleich am nächsten Morgen besorgte ich mir ihre Telefonnummer und lud sie – wohin anders – ins Theater ein. Da es mein spielfreier Tag war, gingen wir zusammen in die Oper. Es gab *Cosi fan tutte*.

Damit begann meine große Liebe, tatsächlich wie ein Lore-Roman.

Lore:

*Ich habe zu meinem Vater gesagt: „Heute abend habe ich den Strack kennengelernt, den heirate ich!“ Da hat er mich irgendwie komisch angeguckt, nach seiner Brille gefischt, sie sehr bedächtig aufgesetzt und gesagt: „Weißt du denn, ob der dich auch will?“ Und ich: „Natürlich!“*

*Und tatsächlich ging am nächsten Tag das Telefon. Günter lud mich in die Oper „Cosi fan tutte (So machen's alle Frauen)" ein, ausgerechnet in die!*
*Wir haben brav im Wiesbadener Staatstheater gesessen, in der Mittelloge, plötzlich öffnet sich hinter uns die Logentür, und mein Vater kommt herein. Dabei hatte er eine Konferenz im Nassauer Hof. Er wollte uns einfach überraschen. Vielleicht wollte er sich den Günter auch schon mal aus der Nähe ansehen – nach dem, was ich ihm erzählt hatte!*
*Im Anschluß an das Stück hat mich mein neuer Verehrer dann zu einem Glas Wein eingeladen. Tugendhaft, wie ich damals noch war, hab ich gesagt, Wein möchte ich nicht, aber einen Apfelsaft, den würde ich gern mittrinken. Dann hat er mich nach Hause gefahren und mich an einem stillen Feldweg geküßt. Und da hat er mich gleich gefragt, ob ich ihn heiraten will.*
*Am zweiten Tag! Ich wußte, daß das passieren würde."*

Das war 1957. Ich glaube, ich war reif für die Ehe. Ich wollte heiraten, wollte eine Familie gründen. Und da lernte ich Lore kennen. Sie war gerade zwanzig. Ein erstaunliches Mädchen. Und schon immer wußte sie ganz genau, was sie will. Auch, was für mich richtig ist.

Lore war meine große Liebe, und das ist sie bis heute auch geblieben. Es gibt ja Ehen, die gehen noch nach vielen Jahren auseinander. Der Mann nimmt sich eine ganz junge, er will seine Jahre aufhalten, jünger und dynamischer erscheinen.

Ich brauche die Familie, sie ist für mich das Allerwichtigste. Und ganz bestimmt ist sie es auch für den Staat. Die kleinste demokratische Zelle. Ich persönlich brauche auch den Halt, den sie mir gibt.

Bevor ich verheiratet war, habe ich alles nicht so ernst genommen, das Leben nicht, auch meine Karriere nicht, für mich war alles mehr ein Spiel. Mein Ehrgeiz wurde erst in der Ehe wach, als ich Frau und Kinder hatte und für die Familie sorgen mußte. Mir hat das großen Auftrieb gegeben. Da ging es beruflich so richtig los. Aber das mag bei jedem anders sein.

Ich kannte das schon aus meinem Elternhaus so. Wir waren drei Brüder, und meine Eltern haben sich gut verstanden. Auch wenn es hin und wieder mal „krachte" – wir hatten ein gutes Familienleben. Kinder, die in einer solchen Familienatmosphäre aufwachsen, haben Erfahrungen gemacht, an denen sie sich orientieren können.

Ich sage immer, Erziehung ist vor allen Dingen Beispiel. In einer zerrütteten Ehe haben es Kinder viel schwerer, eigene innere Maßstäbe für eine gute Familie zu finden.

## ERZIEHEN IST EINE ANGELEGENHEIT DES HERZENS

Die eigene Kindheit kann man nicht ausziehen wie ein Jacket und an den Nagel hängen. Nicht im Positiven und nicht im Negativen. Jeder von uns hat seine ganz persönlichen Kindheitserinnerungen – köstliche und schmerzliche Bilder und Gefühle, die auch nach Jahrzehnten noch frisch sind. Sie sind in die Seele gesenkt, meine ich. Sie können verschüttet sein, aber sie tauchen irgendwann wieder auf.

Lore und ich haben uns natürlich Gedanken darüber gemacht, wie unsere beiden Kinder heranwachsen sollen; wir haben diskutiert über den großen Rahmen, der mit der Frage zu tun hatte, wie wir selber leben wollten.

Aber das Leben läßt sich nicht planen wie eine Urlaubsreise. Das Schicksal bringt so viele unvorhersehbare Ereignisse, die uns verändern und formen – das alles ist in der Jugend nicht vorhersehbar. Gott sei Dank.

Ich bin von meinem Vater sehr streng erzogen worden. Er war ein Mann mit festen Grundsätzen, die er an uns Kinder weitergeben wollte. Und da Kinder nicht immer das tun, was die Eltern mit ihnen im Sinn haben, gab es in meiner Familie auch hin und wieder was mit dem Rohrstock.

Eine schlimme Erfahrung für mich. So etwas wollte ich meinen eigenen Kindern niemals antun, und ich habe es auch nicht getan. Nur wenn unser Sohn Michael richtig was ausgefressen hatte, gab es hin und wieder eine Backpfeife, aber das war auch das Ärgste.

Lore, die ein paar Jahre die Waldorfschule besucht hatte, brachte andere Erfahrungen und Vorstellungen in unsere Familie mit ein. Sie ist unbeschwerter an die Erziehung unserer beiden Kinder gegangen als ich, vielleicht sind Frauen insgesamt unbefangener, wenn es um Kinder geht.

Wir wollten beide keine sehr autoritären Eltern sein. Aber wir wollten auch keine Kinder, die ihren Eltern auf der Nase herumtanzen. Der Mittelweg schien uns der beste.

Ich sage immer, Kinder brauchen einen Stamm, an dem sie sich hochranken können. Und manchmal muß man, wie beim Baum, die Äste auch ein wenig beschneiden. Es müssen Grenzen gesetzt werden, denn jedes Kind probiert aus, seine Grenzen immer wieder zu überschreiten und zu erweitern. Das ist völlig normal.

Michael ist unser Erstgeborener. Susanne war ruhiger und

zielgerichteter. Michael war ein richtiger Draufgänger. „Unser Katastrophenkind", hat Lore manchmal geseufzt. Temperamentvoll und wild wie er war, hatte er ständig Beulen und Schrammen, aber das war noch harmlos. Obwohl er sehr sportlich war, passierten ihm schlimme Dinge.

In seinem Ungestüm übersah er einmal, daß unsere Tür zum Eingangsflur geschlossen war. Da diese Tür voll verglast war, konnte er draußen seinen Freund sehen, der auf ihn wartete. Er rannte die Treppe herunter und stürzte auf ihn zu. Durch die geschlossene Glastür! Hierbei hat Michael sich richtig schwere Verletzungen zugezogen. Die Narben sind heute noch zu sehen. Sein Opa, der zum Glück gerade in der Nähe war, hat ihn sofort ins Krankenhaus gebracht.

Als Michael wieder einmal ein Gips abgenommen werden sollte, meinte er selbst scherzhaft: „Mami, eigentlich könnten wir den doch gleich für das nächste Mal behalten, oder?"

Unsere Kinder haben sich gut verstanden. Natürlich hatte Michael als der Ältere seine kleine Schwester ganz schön im Griff. Aber das ist wohl nicht ungewöhnlich.

Susanne hatte später schneller Klarheit darüber, was sie werden wollte. Michael war verspielter, unentschlossener, zum Beispiel auch in der Berufswahl. Er hat verschiedene Dinge angefangen und abgebrochen, ehe er schließlich seinen Weg gefunden hat. Es ist wichtig, daß Eltern so etwas akzeptieren können. Heute hat Michael seine eigene Firma und produziert sehr erfolgreich fürs Fernsehen.

Jedes Kind hat seinen eigenen Charakter. Das eine Kind dem anderen zum Vorbild hinzuhalten, fruchtet deshalb meist gar nichts. Da nutzt auch keine Strenge und keine Reglementierung, man sollte darauf vertrauen, daß sich das, was in der Kindheit angelegt wurde, durchsetzt.

# KAPITEL 2

## FÜR JEDEN KOMMT EINMAL DER ZUG VORBEI

*Erfolgschancen, die bringt uns das Schicksal. Sie aber auch zu erkennen und im richtigen Moment zuzupacken, das ist Lebenskunst.*

Das Jahr 1965 begann seltsam. Gleich im Januar habe ich es gewagt und bin aus dem festen Engagement ausgestiegen. Ich war dann eine Weile zu Hause, machte mir natürlich Sorgen, ob ich es als freischaffender Schauspieler schaffen würde – und dann lief alles wie von selbst, als hätte da einer die Fäden gezogen.

Als das Filmangebot von Alfred Hitchcock kam, hätte ich beinahe gekniffen. Kurz vorher war gerade diese Geschichte mit O.W. Fischer passiert. O.W. Fischer, der deutsche Leinwandheld, war damals zum Drehen in Amerika. Es hieß, er habe das Zeug zu einer ganz großen Hollywood-Karriere. Aber er hat sich wohl nicht so eingefügt, er war hier der Star und wollte das auch dort gleich sein. Das haben die amerikanischen Produzenten nicht mitgemacht und schickten ihn nach

Mit Alfred Hitchcock und Wolfgang Kieling auf dem Kurfürstendamm

Hause. Jedenfalls wurde die Geschichte so erzählt.

Ich dachte: „Wenn es dir auch so ergeht, dann ist die Blamage größer als die Sache wert ist.“ Und ich hatte mich ja auch gar nicht darum bemüht. Ich wollte ja gar nicht nach Amerika, es ist mir einfach so passiert. Wirklich, so wie man es aus dem Witz kennt: Hollywood ist am Apparat.

Das war in Prag, als ich mit Helmut Käutner dort drehte. Es gibt auch jede Menge Zeugen – die Kollegen, mit denen ich damals beim Abendessen im *Esplanade* saß, Ingrid van Bergen, Hans von Borsody, der Benno Hoffman war auch dabei und Käutner selbst. Und plötzlich werde ich von der Rezeption ausgerufen: Herr Strack, Telefon in Kabine soundso, ein Anruf aus Hollywood für Sie.

## Wie man auf den fahrenden Zug aufspringt

Genau so hat es sich abgespielt. Meine Kollegen haben sich totgelacht. Ich dachte zuerst an einen Streich, daß mich einer veräppeln wollte. Und dann war zwar nicht Hitchcock selbst am Apparat, aber der sehr bedeutende Agent Alfred Kohner. Kohner lebt heute nicht mehr. Er war ein böhmischer Jude, der vor den Nazis emigrieren mußte und drüben ganz groß wurde. Fast alle bekannten europäischen Schauspieler waren in seiner Agentur, auch Charles Bouvier zum Beispiel.

Kohner also sollte mich suchen. Hitchcock hatte sich viele deutsche Filme angeschaut, es ging ja um ein deutsches Thema in seinem Drehbuch *Torn Curtain (Der zerrissene Vorhang)*. Unter anderem hatte er sich auch *Das Wunder des Malachias* vorführen lassen, in dem ich die Rolle eines Pfarrers spielte.

Das war damals in Deutschland ein sehr erfolgreicher Film. Ich war blond und blauäugig, so einen brauchte Hitchcock. Rückblickend muß ich sagen, es war ein großes Glück für mich. Unter allen Filmen hatte er sich ausgerechnet diesen angesehen. Aber ich habe dann auch meinen Teil dazu beigetragen, hab's angepackt, bin das „Risiko" Hollywood eingegangen – und habe gewonnen.

Ich glaube, im Leben eines jedes Menschen gibt es solche Wegkreuzungen, an denen die Weichen in die Zukunft gestellt werden. Ob es nun ein Haus ist, das man mit der Unterstützung der Großeltern finanzieren könnte oder ein Umzug in eine andere Stadt oder etwas ähnliches. Ein Wagnis ist immer dabei – aber wie heißt es doch so schön, wer nicht wagt...

Was nützt es, sich hinterher Vorwürfe zu machen und der verpaßten Lebenschance nachzutrauern?

Leider konnten sie in Amerika meinen Namen nicht herausfinden. Im Abspann stand nur der Name des Regisseurs, Bernhard Wicki. Es war Wickis große Zeit – gleich nach dem Riesenerfolg *Die Brücke*. Deshalb wurde im *Wunder des Malachias* auch nur sein Name genannt, kein einziger Schauspielername. Es war eben ein Wicki-Film.

Also mußte Kohner suchen. Und er hat mich auch gefunden und rief nun in Prag an. „Hello, this is Mister Hitchcock's Office, Alfred Kohner speaking", und dann ging es auf deutsch weiter. Ich war zunächst ganz verdattert. Kohner fragte: „Können Sie Englisch?" und ich: „Na ja, was man so in der Schule gelernt hat, und von den Amerikanern, bei den Tauschgeschäften."

Was Kohner dringend brauchte, war ein Tonband mit meiner Stimme. Ich sollte mir eine englische Zeitung kaufen und daraus vorlesen. Aber wo sollte ich in Prag eine englische Zeitung hernehmen? Das verstand er, Eiserner Vorhang und so. Das war ja genau das Thema des Films, den Hitchcock drehen wollte.

Als Kohner mir erklärte, ich solle einen russischen Schafhirten spielen, „nur eine kleine Nebenrolle", glaubte ich ihm natürlich. Was ich nicht wußte – daß man in Hollywood keine Einzelheiten über die Hauptrollen und den Filmstoff verriet, damals jedenfalls noch nicht.

Als ich, noch etwas benommen, aus der Telefonzelle kam, wurde ich schon mit Spannung erwartet. Ich sagte ganz trocken: „Der Hitchcock will mich haben", und alle wollten sich ausschütten vor Lachen. Die ganze Situation war einfach unglaublich. Natürlich haben mich die Kollegen dann unterstützt, wo sie konnten, damit ich ein anständiges Tonband fertig bekam.

## LUFTPOST MIT HINDERNISSEN

Als ich das Tonband abschicken wollte, begann das erste Drama. Sechs tschechische Kontrolloffiziere haben es abgehört, haben vor- und zurück- und wieder vorgespult. Sechs amtliche Formulare mußte ich ausfüllen, weshalb, wieso, warum. Alles wollten sie wissen. Endlich ging es per Luftpost nach Hollywood, Hitchcock's Office. Dachte ich. Drei Wochen später rief mich Kohner aufgeregt an, wo denn das Band bliebe! In Kürze sei Drehbeginn und Hitchcock würde allmählich sehr ungeduldig.

Wie sich herausstellte, lag der Postsack für die USA noch immer auf dem Prager Flughafen. Weil die Tschechen sparsame Leute waren, wurde er immer nur voll abgeschickt, wenn es sich „lohnte". Um ein Haar wär mir die Chance meines Lebens verloren gegangen. Manche Dinge hängen eben an einem seidenen Faden.

## WIE GUT, WENN MAN MENSCHEN HAT, AUF DEREN RAT MAN BAUEN KANN

Erst beim Abflug erfuhr ich, daß ich in dem Film den „second leading part" spielen sollte, die zweite männliche Hauptrolle und nicht irgendeinen russischen Schafhirten. Für den „leading part", die Hauptrolle, war Paul Newman vorgesehen – schon damals ein Superstar.

Ich wollte auf dem Absatz kehrt machen, hatte Angst. Lore war es, die entschied, wir packen es an. Sie hatte erkannt, hier war meine Chance, mein Zug, auf den ich aufspringen mußte. Und sie hatte ja so recht! Wie gut es doch ist, einen Menschen an seiner Seite zu haben, auf dessen Rat man im entscheidenden Moment vertrauen kann.

Die Arbeit mit Hitchcock war der große Durchbruch in meiner Karriere. Es war meine Chance. Wer weiß, ob ich noch eine solche gehabt hätte. Wer weiß, ob jemals wieder ein Angebot aus Hollywood gekommen wäre. Danach ging es für mich immer nur aufwärts.

Die Dreharbeiten standen aber offensichtlich unter einem ungünstigen Stern. Paul Newman bekam mittendrin plötzlich ein Karbunkel, ein eitriges Geschwür im Gesicht. Ein Weltstar, den die Frauen lieben, der kann natürlich nicht mit einem Karbunkel vor die Kamera. Also brach „Don Alfredo" die Arbeit ab und schickte uns, Lore und mich, in die Ferien nach San Franzisko. Jeden Tag mußten wir um elf Uhr anrufen und hören, ob es weitergeht. Wir saßen vierzehn Tage in San Franzisko, und es war eine wunderbare Zeit. Newman mußte währenddessen jeden Morgen im Studio erscheinen, er wurde täglich fotografiert. Das Foto ging an die Versicherung. Es mußte beweisen, daß Filmaufnahmen noch nicht möglich waren.

Das Karbunkel hat diese Versicherung vermutlich sehr viel Geld gekostet.

## Andere Länder, andere Sitten

Mein nächster Film in Deutschland war *Maigret und sein größter Fall*. Heinz Rühmann, der deutsche Top-Star, hatte eines Tages ein blutunterlaufenes Auge, ein Äderchen war geplatzt. Das dauert bekanntlich auch ein Weilchen, bis es wieder geheilt ist. Aber diesmal bekamen wir keinen Urlaub, es wurde weitergedreht. Ich nehme an, daß der Film nicht versichert worden war, aus welchem Grund auch immer. Und so mußte sich der arme Heinz Rühmann vierzehn Tage lang bei den Filmaufnahmen immer so plazieren, daß sein lädiertes Auge für die Kamera nicht zu sehen war.

Das war für mich der Unterschied zwischen Hollywood und Deutschland. Ich bin nach dem Film mit Hitchcock damals dauernd nach Unterschieden gefragt worden.

# Kapitel 3

## Und wenn es köstlich gewesen ist...

*Unser Leben währt siebzig Jahre,*
*und wenn es hoch kommt, sind es achtzig,*
*und wenn es köstlich gewesen ist,*
*so ist es Mühe und Arbeit gewesen.*
(Psalm 90, 10)

Ich glaube, daß ein Mensch ohne Arbeit überhaupt nicht leben kann. Deshalb ist Arbeitslosigkeit so etwas bedrückendes. Wir haben uns an die allmonatliche Meldung der „Arbeitslosenquote" gewöhnt – als wäre sie etwas Normales oder gar Natürliches. Unsere Politiker müssen sich dringend etwas einfallen lassen, jeder von uns kann allerdings auch selbst etwas tun. Wir müssen uns in unserer nächsten Nachbarschaft kümmern – helfen statt ausgrenzen.

In der Arbeit erfüllt sich doch ein Leben, in der Arbeit findet der Mensch Bestätigung, wenn er erfolgreich ist. Und egal, auf welchem Platz er arbeitet, natürlich will ein Mensch Erfolg. Der Ehrgeiz, der zur Arbeit auch gehört, der bringt ihn weiter, macht ihn kreativ. Ich meine, daß jeder, der etwas erreichen will, ehrgeizig sein muß. Es gibt zwar Menschen, die bilden sich ein, sie bräuchten keine Arbeit, aber das Sprichwort „Müßiggang ist aller Laster Anfang" hat schon seine Berechtigung.

Den richtigen Beruf zu finden, eine Arbeit, die glücklich macht, das ist allerdings eine der größten Herausforderungen im Leben. Haben unsere Kinder die Phase hinter sich, in der sie Taxifahrer, Schornsteinfeger oder Kosmonaut werden wollen, dann fangen sie meist ernsthaft an, über ihre Zukunft nachzudenken. Wo kann ich mich verwirklichen, welche Arbeit, welcher Beruf paßt zu mir?

Ich bin da wohl eine Ausnahme. Das Schornsteinfeger-Alter, bei mir hat es nicht stattgefunden...

## MIT DER BEGEISTERUNG FÜR DAS THEATER FING ALLES AN

Sieben Jahre war ich, da haben mich meine Eltern ins Theater mitgenommen. Ein Weihnachtsmärchen, ich weiß auch noch, wie es hieß: *Wir fahren mit Dieter ins Märchenland.* Es war ein Märchenpotpourri. Dieter begegnete allen möglichen Märchenwesen, der Hexe, Hänsel und Gretel, dem Rotkäppchen. Das hat mich als Kind tief beeindruckt, heute noch sehe ich Szenen vor mir. Ich war auf der Stelle vom Theater fasziniert.

Nicht viel später durfte ich einmal mit in die Oper, es gab den *Freischütz,* später dann den *Lohengrin.* Ich begann von dieser Theaterwelt zu träumen. Mit dreizehn war es für mich klar: Da willst du hin!

Ich habe mich heimlich als Statist gemeldet, im Landestheater in Darmstadt, wo ich aufgewachsen bin. Meinen Freund habe ich mitgelotst. Sie haben uns gern genommen, die jungen Männer waren ja alle im Krieg. Wir kriegten einen Bart angeklebt und sind dann aufgetreten, im *Troubadour*.

Dafür wurden wir mit Lanze und Helm ausgerüstet und dann hinten auf der halbdunklen Bühne eingesetzt. Obwohl wir vom Zuschauerraum aus wohl nur als dekoratives Element zu erahnen waren, hat mich „mein erstes Mal“ auf der Bühne völlig berauscht. Ich vergaß alles um mich herum, war nur noch der Ritter, den ich darstellen sollte, und hatte das Gefühl, das ganze Theater guckt mich an.

Einmal bin ich in meiner jugendlichen Begeisterung für das Theaterspielen weit übers Ziel hinausgeschossen. Das war, als der Intendant höchstpersönlich zu mir kam und fragte, ob ich in Shakespeares *Wie es Euch gefällt* in der Ardenner-Wald-Szene einspringen könne, es fehlten da noch Statisten, die Verbannten des Herzogs. Der Theaterchef, der vielleicht damals schon etwas in mir gesehen hatte, ermunterte mich dann noch, ich solle doch ein wenig mitspielen, nicht so steif herumstehen, wie bei Statisten üblich. Für eine Probe sei allerdings keine Zeit mehr.

Das war für mich kein Hindernis.

In dieser Inszenierung war Übertreibung ein wichtiges Stilmittel. Die Verbannten des Herzogs hatten Bärte wie Gartenzwerge, sie trugen Botanisiertrommeln und Schmetterlingsnetze.

Vorn auf der Bühne hatte einer der Hauptdarsteller, Martin Lübbert, einen Riesen-Monolog zu halten. Wir Statisten standen als sein Gefolge schräg hinter ihm, ziemlich am Ende der Bühne. Wir hätten uns wahrscheinlich nur ein bißchen bewegen und ihm intensiv zuhören sollen. Das war wohl gemeint.

Aber ich hatte ja den Auftrag vom Intendanten, zu spielen!

Ich habe im Hintergrund der Bühne angefangen, Schmetterlinge zu fangen. Das Publikum amüsierte sich köstlich. Das gab mir noch mehr Auftrieb, es hatte mich gepackt. Ich war wie im Rausch. Mit Botanisiertrommel und Netz wollte ich das Publikum erobern.

Ich fing immer mehr Schmetterlinge. Es muß zu komisch gewesen sein. Vorn, an der Rampe, der Hauptdarsteller mit seiner hochdramatischen Rede und hinten hüpft ein junger Mann selbstvergessen herum und zieht alle Aufmerksamkeit auf sich. Irgendwann nahm ich dann wahr, daß Martin Lübbert irritiert nach hinten blickte. Er wollte sehen, wer ihm die Show stahl.

Ich war ein blutiger Laie und konnte nicht ahnen, wie dem Schauspieler dabei zumute war. Als wir alle nach dem Ende der Szene von der Bühne abgegangen waren, ist er hinter der Bühne auf mich losgegangen, hat mich gewürgt und geschrien; am liebsten hätte er mich wohl auf der Stelle herausgeworfen – schließlich hatte ich seinen Auftritt total geschmissen. Zu meiner Entschuldigung kann ich nur sagen, es war Unwissenheit, Verspieltheit und eben ein Rausch.

Dieser Rausch hat bis heute angehalten, das muß auch so sein. Es bleibt einfach toll, wenn man das Gefühl hat, daß das Publikum begeistert ist – wenn man es mitreißen kann. Da wird man über sich hinausgetragen. Das ist natürlich etwas, was man beim Fernsehen nicht so direkt erlebt.

Eines Tages wurde ich, trotz Theaterschminke und Kostümierung, von dem Freund meines Vaters, einem Studienrat, auf der Bühne erkannt. Am Ring. Ich trug damals nämlich einen schwarzen Onyx, auf den war ich mächtig stolz und konnte mich auch auf der Bühne nicht von ihm trennen. Zu

Hause gab es ein ziemliches Donnerwetter, ich hatte meinen Eltern das Theaterspielen verheimlicht. Ich hatte sie in dem Glauben gelassen, ich sei die vielen Abende bei meinem Freund, um für die Schule zu arbeiten.

Ich wurde dann vor das Familiengericht zitiert und mein Vater las mir die Leviten. Was die Familie schlimmer fand, meine Lügerei oder das Theaterspielen, ich weiß es nicht mehr. Ich kann auch nicht sagen, wie es weitergegangen wäre, wenn nicht die Theater wegen des „totalen Krieges“ geschlossen worden wären. Vielleicht hätte ich mir neue Geschichten einfallen lassen, Not macht ja bekanntlich erfinderisch. Mein Vater hätte mir zu diesem Zeitpunkt nie die Erlaubnis für meine Schauspielerei gegeben.

## Begabungen zeigen sich in der Kindheit

Sicher ist es selten, daß jemand so von vornherein weiß, was er werden will. Aber im Laufe der Kindheit und besonders dann in der Pubertät können Eltern doch Vorlieben erkennen. Da zeigt sich, was ein Kind vielleicht besonders gut und was es gar nicht kann.

Kinder probieren sich aus. Man muß sie dabei beobachten. Bei unserer Tochter haben wir sehr früh festgestellt, daß sie manuell ungeheuer begabt ist. Wir haben ihr dann auch Spiele gegeben, wo sie was zusammenknuddeln konnte, schneiden oder kneten oder Muster legen. Und dann wurde sie tatsächlich Zahntechnikerin. Es war damals ein sehr gesuchter Beruf, in dem man auch viel Geld verdienen konnte.

Ich bin zu meinem Zahnarzt gegangen, der auch mein Freund war, und habe dem gesagt: „Hans, unsere Susanne möchte Zahntechnikerin werden. Sie hat sich das in den Kopf gesetzt, und sie ist mit den Händen sehr geschickt. Was hältst du davon?“ Der hat gleich abgewunken: „Um Gottes willen, der Beruf ist ja viel zu überlaufen. Sie müßte auf jeden Fall erstmal eine Eignungsprüfung machen.“

Er redete dann doch mit seinem Zahntechniker und Susanne bekam einen Vorstellungstermin. Sie ist da vollkommen naiv hingegangen. Der Technikermeister wollte sie abschrecken. Er hat ihr einen Klumpen Wachs in die Hand gedrückt und ein Messerchen – einen dreiwurzeligen Backenzahn sollte sie ihm daraus schnitzen, nach einem Modell. Er hat sicher gedacht, daß sie das nicht schaffen würde.

Susanne war zwar erst einmal perplex, hat sich dann aber hingesetzt und die Aufgabe gemeistert. Sie hat den Zahn so gut gemacht, daß der Techniker ihn aufgehoben hat, wie er mir später erzählte. Er hat ihn allen weiteren Bewerbern gezeigt mit der Frage: „Kannst du das auch?“

Susanne wurde eine gute Zahntechnikerin. Heute arbeitet sie nicht mehr in ihrem Beruf. Sie hat einen Mann geheiratet, der ein Geschäft hat. Da arbeitet sie mit, ganz etwas anderes. Und dann hat sie auch die beiden Kinder.

Ich will nur sagen, Eltern müssen ihre Kinder beobachten, ihnen helfen, ihre Fähigkeiten und Neigungen zu entdecken. Musikalität, die kann man ja leicht feststellen, oder geschickte Hände. Vielleicht mag ein Kind Holz besonders, oder es hat Lust, im Garten zu arbeiten. Manches Kind kann sich mit Worten besonders gut ausdrücken, ein anderes nimmt jedes Gerät auseinander, um zu sehen, wie es funktioniert. Das ist nicht immer Zerstörungswut; ich unterscheide immer zwischen den kleinen „Kaputtmachern“ und den „Heilmachern“.

## Wenn's mit dem Beruf nicht gleich klappt

Natürlich kann sich ein junger Mensch in seiner Berufswahl zunächst irren. Dann sollte er den Mut haben, das zu korrigieren und sich eine andere Beschäftigung suchen, die seinen Neigungen eher entspricht – man muß glücklich werden können im Leben. Die erste Ausbildung war trotzdem nicht umsonst.

Mein Vater hat immer gesagt: „Sorge erst für Brot und dann für Fleisch" was soviel heißt wie: „Erst einmal mußt du eine Existenzgrundlage haben, dann kannst du an eine Frau und eine Familie denken." Das ist sicher richtig.

Heute gibt es viele junge Menschen, die ziemlich orientierungslos sind. „Ich weiß noch nicht..." ist eine häufige Antwort, wenn man sie nach ihren Zukunftswünschen fragt. Na ja, es ist ja auch nicht leicht. Lehrstellen gibt es nicht in genügender Menge, und in den Schulen wird auch nicht gerade nachdrücklich daran gearbeitet, den einzelnen Jungen oder das Mädchen stark zu machen, die ganz persönliche Motivation zu fördern und die Kraft, sich gegen Widerstände durchzusetzen. Dabei gehört das zum Wichtigsten, daß einer sagen kann im Leben, „ich will, und ich schaffe es". Das muß einem jungen Menschen mit auf den Weg gegeben werden. Ich nenne es Charakterbildung.

Unsere Schulen vermitteln ein breit gefächertes Wissen, von dem vieles bald wieder überholt sein wird in unserer schnellebigen Zeit, aber wer erzieht unsere Kinder zur Charakterstärke? Wer, außerhalb des Elternhauses, legt denn Wert auf Herzensbildung?

Viele meinen, daß die Bildung erst beim Abitur anfängt. Aber Bildung ist doch nichts wert, wenn sie nicht einhergeht mit Charakter. Und warum zählt das Handwerkliche heute so wenig und die Arbeit für andere Menschen? Egal, ob ich einen Besuch im Krankenhaus mache oder in ein Hotel komme, junge Deutsche begegnen mir im gesamten Dienstleistungsbereich sehr selten. Dabei ist es doch eine schöne Aufgabe, für andere da zu sein. Zu sehen, daß den Gästen das Essen schmeckt, das ich ihnen gebracht habe, oder daß Kranke sich wohlfühlen, wenn ich mich um sie kümmere.

## Ein guter Job ist Gold wert

Es gibt viele Berufe, die einem nicht so das Herzblut abfordern wie die Schauspielerei. Viele Menschen gehen eher pflichtbewußt ihrer Arbeit nach. Sie schätzen ihren Beruf als Basis für das ganze Leben. Er sichert ihnen den Lebensunterhalt, und den Spaß finden sie in ihrer freien Zeit, womöglich mit einem ganz intensiven Hobby.

Heutzutage, wo es in Deutschland fast vier Millionen Arbeitslose gibt, ist Arbeit, auch wenn sie nicht so attraktiv ist, kostbar.

Daneben gibt es aber auch bei uns immer noch Karrieren, die so verlaufen, wie es der amerikanische Slogan „Vom Tellerwäscher zum Millionär" beschreibt. Der ehemalige Mercedes-Benz-Chef, Professor Niefer, war so ein Fall. Er hat bei Daimler-Benz angefangen als KFZ-Lehrling und ist schließlich bis zum Mercedes-Chef aufgestiegen. Er bekam mehrere Ehrendoktorhüte, hat an der Technischen Hochschule in Darmstadt gelehrt und da wurde ihm auch die Professur verliehen. Sicher gibt es noch etliche solcher Beispiele, aber seines finde ich sehr beeindruckend.

## Der Mensch muss sich entscheiden können

Bis man dreißig ist, sollte man sich maximal ausprobieren. Aber dann muß man sich entscheiden. Gerade wenn man viele Talente hat, ist das von großer Bedeutung. Sonst verzettelt man sich. Ich kenne einige Kollegen, sehr talentierte Schauspieler, die außerdem noch dichten und malen können. Sie haben es nie bis an die Spitze geschafft. Ich sage immer, dafür braucht man den Tunnelblick: das Licht am Ende des Tunnels ist das Fernziel, auf das ich all meine Kräfte konzentriere.

Goethes Worte, „wenn man's bis vierzig nicht geschafft hat, dann ist es zu spät", stammen aus einer ruhigeren Zeit. Mit vierzig ist man heute meist über seine schöpferischste Zeit hinweg. Deshalb ist es so wichtig, sich auf eine Marschrichtung festzulegen, rechtzeitig Abschied zu nehmen von den vielen Möglichkeiten der Jugend, erwachsen zu werden.

## KAPITEL 4

## ES GIBT KEINEN BEQUEMEN WEG ZU DEN STERNEN

Dieses Wort von Seneca stimmt sicher für alle Bereiche des Lebens, aber eben auch für unseren Beruf, wobei Ausnahmen ja nur die Regel bestätigen.

Es gibt diese Fälle, wo jemand seiner blendenden Schönheit wegen engagiert wird, oder weil ein Mensch in einer hohen Position ein persönliches Interesse an jemandem hat. Meist sind es Frauen, die durch ihr gutes Aussehen Karriere machen, aber auch Männer werden auf diese Weise gefördert.

Der Weg zum Ruhm, zu den Sternen ist so viel leichter zu schaffen, aber oben muß man sich dann doch beweisen. Da kommt keiner drum herum. Die Günstlinge erfahren eben später, was zu einem dornigen Weg dazugehört. Oder ihre Karriere ist sehr kurzlebig.

Auch mir ist nichts in den Schoß gefallen. Sicher, ich hatte viel Glück. Aber ich habe auch gearbeitet, gearbeitet, gearbeitet. Auf Theaterproben kann man es erleben, wenn um eine Sache gerungen wird – wie viele Energien da verbraucht werden, ehe eine Szene steht! Das kostet viel Kraft, wochen- und monatelang.

Natürlich macht es auch Spaß, aber es ist eine harte Arbeit, die einen bis zum letzten fordert. Disziplin und Fleiß sind da nötig und der Wille, es zu schaffen. Und dann eben dieses Quentchen Glück, das ich hatte: daß Wicki mich für den *Malachias* geholt hat und daß dies wiederum den Hitchcock-Film nach sich gezogen hat. Das ist Glück, dazu habe ich selber nichts getan.

Manchmal kommt es mir vor, als ob das Schicksal eine Rolle spielt. Vielleicht hat mich auch die Überzeugung vom eigenen Können getragen: ich will, also schaffe ich es.

## Der Mensch ist nur da ganz Mensch, wo er spielt

Es gibt von mir den Ausspruch, der auch immer wieder zitiert wird, daß ich das Leben als Spiel sehe. Wenn das so interpretiert wird, daß ich versuche, aus allem das Beste zu machen, daß ich mich nicht unterkriegen lasse und nie die Hoffnung aufgebe, dann ist das richtig.

Und in noch einer Hinsicht stimmt es. Theater, Fernsehen und Film nehmen einen riesigen Platz in meinem Leben ein. Meine Arbeit ist Spiel. Ich liebe es, mich in andere Leben hineinzuversetzen, in jedem Stück ein anderer zu sein. Es bereichert mein Leben ungeheuer.

## Der König aus Franken

Zu meinen großen Serien-Rollen gehört auch der *König*. Es geht mir mit ihm, wie es mir mit *Onkel Ludwig*, mit *Rechtsan-*

*walt Dr. Renz* und auch mit dem *Pfarrer Kempfert* gegangen ist: je länger ich mich mit ihm beschäftige, desto mehr mag ich ihn. *König* ist ein sehr eigenwilliger Alter. Ein Kommissar, der eigentlich schon im Ruhestand ist und dennoch nicht aufhören kann und es auch nicht will. Seine kniffligen Fälle löst er in der Umgebung von Bamberg.

Michael Baier, der Drehbuchautor, hat einen ländlichen Krimi den vielen Pistolen- und Autoschlachten amerikanischer Großstadtkrimis entgegengestellt, und der Erfolg zeigt, wie richtig er mit seiner Idee lag. Die Rolle des *König* hat Baier für mich geschrieben, sie ist wieder ganz anders als meine vorhergehenden großen Rollen in Serien. Eckiger und kantiger als bisher.

Ich habe mich auch äußerlich auf die Rolle eingestellt. Die Haare sind kürzer und ich trug zwischenzeitlich einen Bart.

Wie sich herausgestellt hat, mag mich das Publikum allerdings mehr so, wie es mich kennt. Eine Umfrage in der BILD hat das ergeben. Auf die Frage, ob der König einen Bart haben sollte oder nicht, riefen über zweihunderttausend Leser/Zuschauer an. Die meisten, ich glaube, es waren sechsundachtzig Prozent, entschieden sich gegen den Bart.

Wir waren alle erstaunt, wieviele sich an dieser Umfrage beteiligten. Dahinter steckt ja mehr als nur die Frage nach dem Bart. Ganz offensichtlich haben die Zuschauer ein großes Bedürfnis nach Alltagsgeschichten - wenn sie gut gemacht sind und wenn sie die Hauptfigur annehmen können, weil sie ihnen irgendwie nahesteht.

## NEUGIER AUF FREMDE, LUST AM GESPRÄCH UND IMMER EIN KLEINES LÄCHELN, SO IST DAS LEBEN ANGENEHM

Oft, wenn ich spazierengehe, um mich noch einmal innerlich mit einer Rolle oder einem Text zu befassen, werde ich angesprochen. Natürlich erkennen die Leute den Strack, und viele möchten mit mir reden. Vielleicht bin ich dann etwas wortkarg. Aber ich bin total mit meinen Gedanken beschäftigt und muß für mich bleiben. Ich kann mich nicht ablenken lassen; wenn der Faden reißt, ist es vorbei mit der Arbeit.

Bevor ich in die Situation komme, unfreundlich zu werden, mache ich deshalb bestimmte Dinge gar nicht erst. In Deutschland gehe ich zum Beispiel so gut wie nie einkaufen.

Wenn ich ausgeruht und entspannt bin, etwa im Urlaub, macht es mir große Freude, mit Fremden zu reden, ihre Meinungen zu hören oder auch zu spüren, daß sie mich mögen. Auf unserer Urlaubsinsel Lanzarote sind ja viele Deutsche und ich werde oft angesprochen. Da heißt es dann: „Guten Tag, Herr Strack – Mutter, komm doch mal...". Es gibt tausend Beispiele, die ich erzählen könnte, meistens angenehme. Die Leute haben anscheinend das Gefühl, mich gut zu kennen und plötzlich haben sie den vor sich, der ihnen sonst nur via Bildschirm in die Wohnstube schneit.

Mir macht diese Popularität auch Spaß. Die Resonanz auf die Arbeit ist ja im Fernsehen bei weitem nicht so direkt wie im Theater, wo man die Reaktion des Publikums sofort kassiert, im Positiven wie im Negativen.

## Wer seine Schwächen zeigen kann, erntet echtes Mitgefühl und Sympathie

Wenn ich die Rolle eines ganz lieben, aber vom Schicksal nicht gerade begünstigten Menschen zu spielen habe, frage ich mich natürlich, warum der so ist. Was in seinem tiefsten Innern zwingt ihn, nicht offensiver zu sein, fordernder, auffälliger? Warum sehen andere Menschen seine Qualitäten nicht? Oder aber sie sehen sie, schätzen sie, und dennoch bleibt er immer irgendwie einsam, die große Liebe zum Beispiel erfüllt sich nicht.

In den *Drombuschs* spiele ich den Onkel Ludwig, eine herrliche Charakterrolle, eine Figur, die ich sehr mag. Sie ist deshalb so gut, weil sie ein Schicksal hat. Dieser Onkel Ludwig ist kein Mensch aus der Retorte, er hat eine Vergangenheit, er hat echte Gefühle, Sehnsüchte und eine liebenswerte Schrulligkeit.

Ich habe mich intensiv mit der Rolle auseinandergesetzt. Auf Spaziergängen spielte ich sie durch, habe mir Gesten, Bewegungen vorgestellt. Habe mir überlegt, wie reagiert ein solcher Charakter in dieser oder jener Situation? Man beobachtet plötzlich Menschen genauer, ihre Ausdrucksmöglichkeiten; wie sie sind, wenn sie hilflos sind oder verliebt oder gekränkt. Man stiehlt, mit den Augen und mit allen Sinnen. Man speichert alles, und eines Tages, im Spiel, hat man es parat. Da ist man plötzlich Onkel Ludwig.

Eins ist klar, Onkel Ludwig hat nie das große Los gezogen, er gehört nicht zu den Gewinnern im Leben. Vielleicht mögen ihn die Menschen deshalb so sehr. Sie fühlen mit ihm, und sie ertragen mit ihm seine kleinen und größeren Niederlagen. Jeder kennt ähnliche Schicksalsschläge aus dem eigenen

Leben oder zumindest aus seinem Umfeld.

Wie oft bin ich als Onkel Ludwig angesprochen worden! Bei solchen beliebten Serien, wie auch jetzt beim *König*, halten einige Zuschauer Spiel und Leben des Schauspielers oft nicht mehr auseinander. Sie setzen die Spielwelt mit der Realität gleich. Das gibt dem Schauspieler auch eine ungeheure Verantwortung gegenüber seinen Zuschauern. Ich habe zum Beispiel bei den Drehbüchern zum *König* darauf bestanden, daß sie spannend, aber nicht brutal sind.

## SPIELERISCH DAS LEBEN MEISTERN

Arbeit und Spiel gehören in unserem Beruf zusammen. Eine glückliche Konstellation. Alle Menschen neigen dazu, Rollen zu spielen, aber nicht jeder hat die Chance, das zu seinem Beruf zu machen.

Das, was die meisten Menschen normalerweise unter Arbeit verstehen, hat leider nur wenig mit unser aller Grundbedürfnis nach Spiel zu tun. Viele Erwachsene haben es verlernt, ohne einen bestimmten Zweck zu handeln, so wie es die Kinder tun, aus purer Lust an der Freude!

Selbst im Urlaub nehmen sich viele von uns noch ein echtes „Pensum“ vor, das abgearbeitet werden muß. Ich glaube, zu einem guten Urlaub gehört ein gerüttelt Maß an Langeweile. Aus der heraus entstehen dann die spielerischen Ideen, die die wirkliche Erholung bringen.

Viele stillen ihr Spielbedürfnis in der Freizeit, mit einem Hobby, das die Phantasie und das Schöpferische im Menschen anspricht. Männer erhalten sich ihre Fähigkeit zu spielen länger als Frauen. Männer werden nie erwachsen, sagt man.

Ihren Spieltrieb leben sie aus, indem der eine in seiner freien Zeit ständig an seinem Auto bastelt und der andere mit der elektrischen Eisenbahn spielt, etwas, das auch ich gern täte, wenn ich mehr Zeit hätte. Ein dritter erfindet etwas und der vierte sammelt vielleicht Schmetterlinge.

Frauen tun immer etwas Nützliches. Dazu werden sie von Kindesbeinen an erzogen. Ihr Spieltrieb, auch das saugen sie bereits mit der Muttermilch ein, bezieht sich oft auf Mode, auf Schönheit und nicht zuletzt auf Mütterlichkeit. Aber da sind große Veränderungen im Gange. In dem Maße, wie auch Frauen ganz intensiv einen Beruf ausüben, werden sie sich ihren Spieltrieb nicht mehr so stark eingrenzen lassen.

## „Glücks"-Spiele bringen meist Unglück

Es gibt viele Möglichkeiten, sein Glück zu versuchen, in der Spielbank beim Roulette oder am Kartentisch, auf der Rennbahn, an den sogenannten Daddelautomaten und beim Lotto. Das Tragische ist, daß spielen sich oft zu einer Leidenschaft auswächst, die der Spieler nicht mehr beherrscht, die vielmehr ihn beherrscht.

Es gibt unendlich viele unglückliche Lebensgeschichten, die mit dem Glücksspiel zu tun haben. Eine davon ist die von Omar Sharif, dem berühmten Darsteller des *Doktor Schiwago*. Dieser Star des internationalen Kinos hat sein ganzes Geld in der Spielbank verloren.

Die Bank ist letzten Endes immer der Gewinner. Es gibt zwar das Glück des Anfängers, aber wer dem traut, ist schnell verlassen. Klug ist, wer mit seinem ersten Gewinn in der Tasche so schnell wie möglich die Spielbank oder die Spielhalle verläßt.

Aber den Menschen, die zur Spielleidenschaft neigen, gelingt das kaum. Wie ein Alkoholiker meint, jederzeit das Trinken einstellen zu können, so sieht sich auch der Spieler immer als Herr seiner Leidenschaft, obwohl er es schon längst nicht mehr ist. Richtig dramatisch wird es, wenn die Eltern oder Geschwister des Spielsüchtigen im wahrsten Sinne des Wortes ihr letztes Hemd opfern, in der trügerischen Hoffnung, ihn oder sie aus dem Teufelskreis herauszubringen.

Mit Omar Sharif haben Lore und ich ein Wochenende verbracht. Er hat uns aus seinem Leben erzählt. Seine Mutter war eine große Spielerin, wahrscheinlich hat er diesen verdammten Trieb von ihr geerbt. Sie hat mit König Faruk von Ägypten gespielt und war bekannt für ihre raffinierte Spieltaktik.
Auch bei Omar Sharif wurde das Spielen zur Sucht. „Just for fun“, hat er immer gesagt und ist darüber bettelarm geworden. Er hat all seine Millionen-Dollar-Gagen verspielt. Bei jedem Spiel, das sich bot, war er dabei. Er kennt alle Spiele. Er ist ein Experte in Sachen Brigde, ein Spiel, das die Damen der großen Gesellschaft lieben.

Sharif lebt mittlerweile in Paris. Er hat immer aufs Neue versucht, sich aus seiner Not herauszuarbeiten. Er wollte ein Parfum herausbringen, ein Parfum mit einem herrlichen Duft. Lore war ganz begeistert davon. Er hat ihr ein Fläschchen *Omar Sharif*, so sollte die Duftkreation heißen, geschenkt. Aber Sharif hatte offensichtlich nicht das Geld, um es im großen Stil herstellen und vermarkten zu lassen. Und ein Sponsor fand sich auch nicht. Wenn er den gehabt hätte, wäre er mit diesem Duft bestimmt wieder zu Geld gekommen - wahrscheinlich, um es erneut zu verspielen.

Die harmloseste Art, sein Glück zu versuchen, ist wohl das

„Tippen“. Ich selbst habe nie Lotto gespielt, aber natürlich habe ich kürzlich auch aus nächster Nähe miterlebt, wie fast die gesamte Nation im Lottofieber lag, weil sich im Jackpot über zwanzig Millionen DM angesammelt hatten. Jeder wollte sie gewinnen. Ich erinnere mich daran, daß einer aus unserem *König*-Team seinen Tippschein irgendwie verloren hatte. Er ist bald durchgedreht und hat sämtliche Kollegen in Aufregung versetzt, hat ihnen vorgeworfen, sie hätten seinen Spielschein verlegt! Es war grauslich.

Das Lotto-Spielen verkörpert die Hoffnung der Menschen, einmal im Leben zu viel Geld zu kommen.

Mein Vater, der ein strenger Mann war und Geldspiele jeder Art ablehnte, hat uns Kindern folgende Geschichte erzählt, um uns zu zeigen, wie gering die Gewinnchancen beim Lottospielen tatsächlich sind:

„Denkt euch den Exert“, so begann seine Geschichte. Der Exert war ein alter Exerzierplatz in Darmstadt, der ehemaligen Garnisonsstadt, drei Regimenter lagen dort. Heute ist er längst bebaut, viele Verlage haben sich dort angesiedelt.

Für unsere Kinderaugen hatte dieser Exert natürlich riesige Ausmaße und tatsächlich hätten sicher zehn Fußballfelder darauf Platz gehabt. Mein Vater sagte also: „Stellt euch vor, der ganze Exert stünde voller Biergläser, eines dicht neben dem anderen. Millionen von Biergläsern, und da lassen wir jetzt eine Taube drüberfliegen. Und wo die reinscheißt, da landet der Lottogewinn.“

Tatsächlich ist die Chance, einen Sechser zu landen, ja noch viel geringer, als mein Vater uns ausmalte und er hatte natürlich recht mit seiner Skepsis, aber dann auch wieder nicht. Lotto ist für die Mitspieler nicht sehr teuer und gibt diesen kleinen Nervenkitzel, daß man sein ganzes Leben umkrempeln könnte – mit ein paar Kreuzchen an der richtigen Stelle.

Das Finanzielle ist nun mal wichtig. Geld allein macht zwar nicht glücklich, wie es so schön heißt, aber es beruhigt.

## Wer ohne Schuld ist, werfe den ersten Stein

### ...die letzte Zigarette

Ich habe im Leben vieles probiert. Ich habe lange und viel geraucht, nicht so wie heute – nur gelegentlich mal eine Havanna-Zigarre. Besonders wenn wir beim Wein saßen, steckte ich mir eine Zigarette nach der anderen an, manchmal bis zu sechzig am Tag.

Ich glaube, in den siebziger Jahren habe ich endgültig die letzte Zigarette geraucht. Ich hatte mich mehrmals bemüht, aufzuhören. Und wurde wieder rückfällig, habe dann irgendwann wieder aufgehört, jedesmal in Verbindung mit einer schweren Grippe. Wenn man die hat, schmeckt einem sowieso keine Zigarette. Das habe ich dann immer zum Anlaß genommen.

Es gehört ein starker Wille dazu, sich das Rauchen abzugewöhnen. Ich hatte ihn und habe es schließlich auch geschafft. Im Nachhinein betrachtet, hat es mich keine so große Mühe gekostet. Mein Bruder, der Arzt ist, sagt immer: „Wenn du das geschafft hast, dann müßtest du es auch schaffen, dir das viele Essen abzugewöhnen“, aber das gelingt mir nicht.

In den siebziger Jahren wurde auch in Filmen noch viel mehr geraucht als heute. Jetzt ist man sehr sensibel geworden für die Gefahren. Vor allem jugendliche Fans eifern ihren Lieblingsschauspielern gern nach und wenn sie sich ihretwegen das Rauchen angewöhnen – um so zu sein wie sie -, dann ist das schlimm.

In den USA werden Raucher heutzutage richtig angefeindet. Das finde ich hysterisch. Zu den militanten Nichtrauchern werde ich nie gehören. Die ganzen Aktionen, den Menschen das Rauchen abzugewöhnen, finde ich ein bißchen übertrieben. Sicher muß man darauf aufmerksam machen, daß Rauchen der Gesundheit schadet, aber es gibt viel schlimmere Süchte.

Die heutige Jugend muß sich mit den harten Drogen auseinandersetzen. Als wir jung waren, gab es diese Gefahren noch nicht. Heute tauchen die ersten Drogenprobleme bereits in der Schulzeit auf. Immer wieder höre ich Geschichten darüber, wie Drogen an Kinder und Jugendliche herangetragen werden und wie schlimm es ist, wenn einer nicht mehr davon wegkommt. Jeder junge Mensch, der an Drogen zugrunde geht, ist einer zuviel.

Der Mensch neigt zu Süchten. Besonders labile Menschen haben es damit schwer. Die Spielleidenschaft, der Alkoholismus, das Rauchen, die harten Drogen. Sucht ist Abhängigkeit – und nicht mit schönen Worten aus der Welt zu schaffen. Es gehört ein eiserner Wille dazu und die Unterstützung von Freunden und Familie.

Immer wieder werden aber Menschen, die ihre Leidenschaft bewältigt haben, die in Entzugsanstalten waren oder, wenn es ums Rauchen geht, die sich selbst überwunden haben, neu verführt. Oft auch von Freunden. Einfach nur so, zum Spaß. Das ist furchtbar. Jeder muß in seinen Kreisen darauf achten, daß so etwas nicht geschieht. Ein Rückfall ist immer eine totale Entmutigung, und irgendwann schafft es ein Betroffener nicht mehr und auch die engsten Verbündeten geben verzagt auf.

## Kapitel 5

## Da Gott nicht alles allein machen wollte, schuf er die Mütter

(Volksmund)

Die wichtigste Frau im Leben eines Mannes ist die Mutter. Erst einmal. Viele Jahre lang. Sie ist die Wärme der Kindheit, der Trost und die Ermutigung für das Leben. Das Bild der Mutter wirkt bis in die spätere eigene Familie hinein.

Ich habe meine Mutter sehr geliebt. Sie war eine fröhliche, warmherzige Frau, die für uns Kinder alles getan hat. Ich war der mittlere ihrer drei Jungen, wir sind jeweils im Abstand von drei Jahren geboren.

Meine erste ganz deutliche Erinnerung, ich war vielleicht drei Jahre alt, es muß also 1932 gewesen sein, ist mit einem kleinen nächtlichen Unfall verbunden. Wir kamen von irgendwoher mit dem Auto nach Hause. Meine Mutter hob mich heraus und stellte mich, verschlafen wie ich war, neben das Auto. Sie wollte das Gepäck ausräumen. Ich hatte Angst, wollte mich wohl an ihr festhalten. Genau in dem Moment, als sie die Autotür zuschlug, griff ich nach ihr. Mein Finger geriet in die Autotür. Man sieht es heute noch, der Mittelfinger der linken Hand ist krumm. Aber Gott sei Dank ist er nur deformiert und mußte nicht gekürzt werden.

Es ist keine so schöne erste Kindheitserinnerung, aber insgesamt war meine Kindheit warm und freundlich, trotz der fürchterlichen Zeiten, in die meine Generation hineingeboren wurde. Meine Mutter hat für ihre Jungs alles gemacht, und sie hat uns eher verwöhnt als erzogen.

Während der Nazizeit gab es einen Film, den wir uns öfter in der Hitlerjugend ansehen mußten. Es ging um eine Mutter, Käthe Dorsch spielte die Hauptrolle, die ihre Kinder unheimlich verzogen hat. Jedenfalls habe ich das so in Erinnerung. Es war ein Film, der sich gegen die Verweichlichung in der Erziehung aussprach. Deshalb mußten wir ihn uns immer ansehen, die Nazis waren ja für männliche Härte. Sensible, ängstliche Jungen hatten es in der HJ schwer. Sie wurden zum Teil richtig geschliffen; um sie hart zu machen, wie man sagte.

Die Mutter in diesem Nazi-Streifen verwöhnte ihre Jungen maßlos, sie hat zum Beispiel für jeden den Salat extra angerichtet, je nach Geschmack. Ausgerechnet diese Szene habe ich mir gemerkt.

So weit ging meine Mutter natürlich nicht, sie hat uns aber auch nicht gerade zur Selbständigkeit erzogen. Das habe ich natürlich erst begriffen, nachdem ich von zu Hause weggegangen war, mit neunzehn. Ab da mußte ich mir die Schuhe selber putzen.

## Mütter und Schwiegertöchter

Wir hingen alle drei sehr an der Mutter. Alles, was sie für uns gemacht hat, war gut.

Nach einer so innigen Mutter-Sohn-Beziehung hat es die Frau, die später in das Leben eines solchen Mannes kommt, sehr schwer; aber das ist ja bekannt, und es wird auch oft genug ein wenig bespöttelt. Die Mutter hat eben den Spinat so gemacht oder den Tisch so gedeckt. Das kann sich zu Familienkrächen auswachsen. Ich glaube, so schlimm war es bei uns nicht. Immerhin war ich sehr früh aus dem Elternhaus weggegangen und hatte jahrelang allein gelebt. Im Nachhinein war das die richtige Entscheidung. Kinder müssen sich abnabeln, sie müssen Abschied nehmen von der behüteten Kindheit. Und je früher das geschieht, desto schneller werden sie selbständig.

## Es gibt ein Leben nach den Kindern

Für die Mütter ist das eine schwere Zeit. Vor allem für Frauen, die ihre ganze Kraft in die Kinder investiert haben. Sie stehen plötzlich vor dem Problem, sich neu orientieren zu müssen. Wenn sie in diesem Moment keine wesentlichen anderen, zum Beispiel eigene berufliche Aufgaben haben, entsteht in ihrem Leben eine elendig große Lücke. Der einzige Rat, den man diesen Müttern geben kann ist, sich mit aller Kraft einer neuen Aufgabe zuzuwenden. Und irgendwann entsteht dann ein unerwartetes, ganz anderes Verhältnis zu den nun selbständigen Kindern. Ein gleichberechtigtes, man bekommt sie als Freunde zurück.

## WARUM SOLLEN VÄTER IMMER DEN BUHMANN SPIELEN?

Alles Schöne, an das ich mich in meiner Kindheit erinnere, hatte irgendwie mit meiner Mutter zu tun. Wenn es Ärger gab, wurde der Vater ins Spiel gebracht. Meine Mutter hat uns nie gestraft, und wenn der Vater uns mal so richtig den Hosenboden stramm gezogen hatte, wie man das nannte, hat sie mitgelitten. Früher waren es die Väter, die strafen mußten. „Warte mal ab, bis der Papa kommt!" – Wer aus meiner Generation kennt diesen Satz nicht! Das ist furchtbar für den Vater, der von der Arbeit kommt, abends, oder wie ich manchmal, am Wochenende, und als erstes hört, deine Kinder haben wieder etwas ausgefressen. Jetzt mußt du mal was sagen oder tun, ich, die Mutter kann nicht alles allein machen.

Ich kenne das auch aus meinem Vater-Dasein. Ich habe mich nicht darauf eingelassen. Das mußte Lore selber tun. Ich hatte Angst, meine Kinder würden sich eines Tages schon fürchten, wenn es nur hieß, der Vater kommt nach Hause – daß sie anfangen würden, mich zu hassen. Denn viele Gelegenheiten, auch die schönen Dinge mit ihnen zu erleben, hatte ich durch meine aufreibende Arbeit ja nicht.

## FAMILIENFRAUEN LEISTEN VIEL UND BEKOMMEN ZU WENIG ANERKENNUNG

Frauen leisten ungeheuer viel. Hausfrauen sind den ganzen Tag für ihre Familie da. Sie verzichten auf berufliche Anerkennung und Erfolgserlebnisse, wenn sie die Familie vornanstellen. Wie sagt Lore immer, im Haushalt ist alles selbstverständlich. Man sieht nur das, was nicht gemacht worden ist. Das andere, was die Frau den ganzen Tag zu bewältigen hat, bemerkt man überhaupt nicht.

## IN KRIEGSZEITEN HABEN DIE MÜTTER AM MEISTEN ZU LEIDEN

Die Generation unserer Mütter hatte ein sehr schweres Leben. Die Kindheit war überschattet vom Ersten Weltkrieg, ihre Jugend war eine Zeit des Mangels, wurde beherrscht von Inflation, Weltwirtschaftskrise und Massenarbeitslosigkeit. Dann kamen die Nazis und zettelten den Zweiten Weltkrieg an. Ihre sogenannten schönsten Jahre durchlebte, beziehungsweise durchlitt, meine Mutter im Krieg. Das bedeutete Bomben, Zerstörung, Hunger. Ihr ältester Sohn war irgendwo an der Front. So wie er kamen viele niemals wieder.

Und dann die Nachkriegszeit. Scharen von Flüchtlingen ohne Dach über dem Kopf. Aus Schlesien, Pommern oder Ostpreußen waren sie mit ihren Kindern geflüchtet, in die westlicheren Gebiete Deutschlands. Zu Fuß, Hunderte von Kilometern. In den Städten waren die Häuser zerbomt, es gab so gut wie nichts zu essen.

Unsere Familie hatte sich am Ende des Krieges im Odenwald verabredet, da wollten wir uns treffen, das hatten wir uns vorgenommen. Wenn der Krieg zu Ende ist, so hatten wir gesagt, kommen wir alle in die Jagdhütte, wo sich meine Mutter mit dem kleinen Bruder aufhielt. Mein Vater sollte vom Volkssturm zurückkommen, ich vom Schanzen in Gernsheim. Das geschah auch. Nur mein älterer Bruder kam nicht, er war gefallen.

Unsere Wiedersehensfreude war arg getrübt, meine Mutter weinte sich die Augen aus, und sogar mein Vater, der immer das Gesicht wahrte, konnte seine übliche Disziplin nicht aufbringen.

Mein Bruder war tot.

Wie viele haben in dieser Zeit um einen oder mehrere liebe Menschen getrauert. Ich kenne keine Familie, die unbeschädigt geblieben ist. Die es wohl am härtesten trifft, in solchen Zeiten, sind die Mütter.

Sie haben ein Leben geboren, das vor ihrem eigenen schon zu Ende gegangen ist. Das verkraftet kaum eine Frau. Wenn ich heute von diesen schrecklichen Kriegen auf dem Balkan oder in Asien höre und die Bilder im Fernsehen erlebe, fällt mir das Kriegsende in Deutschland ein; fällt mir meine Mutter wieder ein, wie sie unter dem Tod meines Bruders litt. Etwas sinnloseres, zerstörerisches als Krieg gibt es nicht.

Aber das Leben mußte weitergehen. Und wieder waren es die Mütter, die alles auf sich nahmen. Tagsüber mußten viele von ihnen als Trümmerfrauen arbeiten, bekamen so Bezugsscheine und damit für die Familie etwas zu essen. Trotzdem blieb es knapp.

Aus Kartoffeln hat meine Mutter Kuchen gebacken, denn Brot gab es nur wenig, aus Maisblättern hat sie uns Schuhe geflochten und aus alten Decken Mäntel genäht. Das klingt alles unheimlich sentimental, aber manchmal sollte man sich daran erinnern. Auch daran, mit welcher Lust die Menschen das Leben nach dem Krieg lebten. Hoffnung war da, Hoffnung wenigstens auf ein Dasein ohne Angst, ohne Bomben.

Und niemand konnte mehr in den Tod geschickt werden.

## Kapitel 6

## Wenn die erste Klappe fällt

So eine geregelte Arbeitszeit, wie in der Bank oder wie sie ein Bäcker hat, gibt es für Schauspieler nicht. Beim Fernsehen sind wir in der Regel zehn bis zwölf Stunden auf dem Set. Das heißt aber nicht, daß wir die ganze Zeit beschäftigt sind. Der große Will Quadflieg hat einmal gesagt: „Wir Schauspieler haben einen wunderbaren Beruf. Wir werden eigentlich bezahlt fürs Warten, das andere macht ja Spaß."

Das ist schon richtig, aber langes Warten kann auch sehr quälend sein, es erfordert Disziplin. Ich spreche jetzt vom Fernsehen. Beim Theater muß man auch oft warten, bis man bei der Probe drankommt, aber das ist halb so schlimm. Die Kollegen erarbeiten Szenen und man kann sie dabei beobachten, die Arbeitsweise des Regisseurs kennenlernen.

Bei den Dreharbeiten für eine Fernsehproduktion muß man lange Wartezeiten überbrücken, bis die ganze Technik steht, das Licht eingerichtet ist. Dennoch muß ich als Schauspieler immer am Thema bleiben, oder, wie man so schön sagt, am Ball.

## Ein ganz normaler Drehtag

Wie sieht so ein Drehtag aus? Um 9.00 Uhr ist in der Regel Drehbeginn. Solange wir für den *König* drehen – meine derzeitige Serienrolle bei SAT.1 –, heißt das für mich nach Bamberg fahren. Zum Glück ist der Drehort in den Weinbergen nur eine dreiviertel Stunde von unserem Haus entfernt. Dann geht's eine Viertelstunde in die Maske, zu „Bübchen", meinem treuen Maskenbildner, mit dem mich seit vielen Jahren eine herzliche Freundschaft verbindet.

Das bedeutet also: um sieben Uhr aufstehen, eine halbe Stunde Bad, eine halbe Stunde Frühstück. Das Frühstück ist wichtig, es ist die Basis für den Tag. Um acht Uhr ist Abfahrt und um neun geht es los: Gespräch mit dem Regisseur über die Szene, dann wird aufgebaut, Licht eingerichtet. Der Regisseur sagt der Technik, was er braucht, vielleicht eine Schiene für die erste Kamerafahrt, was dann natürlich wieder längere Vorarbeiten und entsprechende Wartezeit bedeutet.

Wenn wir draußen drehen, treffen wir uns meist in meinem Wohnwagen und bereden die Szene noch einmal, man hat da vielleicht eine Idee, wie etwas besser zu machen ist. Dieser Gedankenaustausch mit dem Regisseur und den anderen Schauspielern ist ganz wichtig.

Die erste Klappe fällt in der Regel um zehn, je nachdem, wie lang die erste Einstellung wird und wie schwierig sie ist. Das geht dann tagsüber in dieser Form weiter. Immer die nächste Einstellung, zwischendurch ist natürlich auch mal eine richtige Pause für alle und dann kommt vielleicht noch eine Szene, bei der man nicht dran ist.

Wie überbrückt man diese Zeit, wie hält man die innere Spannung, die ja so wichtig ist? Es kann einem sogar passieren, daß der erste große Auftritt erst am Nachmittag drankommt.

Ich hab es schon probiert, ein Buch mitzunehmen, zu lesen, oder den Text für die übernächste Szene zu lernen, es funktioniert alles nicht – jedenfalls bei mir nicht! Ich muß immer am Ball bleiben und mich mit all meinen Gedanken auf die nächste Szene vorbereiten.

Ich will auch nicht abgelenkt werden. Ich bitte immer um ein Zimmer oder einen Wohnwagen, in dem ich allein sein kann. Nicht mit anderen zusammen, dann wird geschwätzt – was man eben so schwätzt, wenn man warten muß. Das lenkt mich ungeheuer ab. Ich brauche meine Ruhe, um überzeugend zu sein.

Das ist ja das Entscheidende. Man muß überzeugen, glaubhaft machen können, was man da spielt. Bei jeder Szene muß man ja ganz vieles unterschwellig mitspielen, was gar nicht im Text steht. Da ist der Kommissar a. D. König dann zum Beispiel schon sicher, den Täter zu kennen, aber er läßt sich nichts anmerken. Dem Täter gegenüber nicht! Weil er ihn noch nicht überführen kann. Der Zuschauer soll diese innere Spannung aber mitempfinden können. Das macht die Schauspielerei so spannend.

## Das Leben nach seinem Beruf einrichten

Es ist wie bei jeder anderen Arbeit auch: man muß sich Disziplin auferlegen. Der Bäcker muß halt um drei Uhr aufstehen, damit die Leute um sieben Uhr ihre Brötchen holen können. Der Bankangestellte läuft den ganzen Tag mit Schlips und Kragen herum, es gehört eben zu seinem Beruf. Und so muß auch der Schauspieler lernen, mit den Schwierigkeiten seines Metiers umzugehen. Wie sagte Will Quadflieg so schön: „...alles andere ist Spaß in unserem Beruf."

Wer den zu ihm passenden Beruf erwischt hat, gehört zu den glücklichen Menschen. Die Trennung zwischen Freizeit und Arbeit verschwimmt. Alles fließt ineinander, allerdings meist mit dem Ergebnis, daß man zuviel tut. Aber wenn das so ist, muß man auch gut leben während der „Arbeits-Freizeit". Es gehört dazu, daß man nett und freundlich und gut zueinander ist, daß man möglichst keinen Ärger macht, daß man zusammen auch mal feiert, nach Drehschluß.

Beim Fernsehen und beim Film ziehen alle an einem Strang, jeder ist da wichtig. Alle gehören zum Team, alle sind mit der Herstellung des Films beschäftigt, jeder an seinem Platz. Es gibt kaum eine Hierarchie. Selbstverständlich weiß der Kleinste, wer der Größte ist, wer am meisten zu sagen hat. Ich finde, unsere Art von Teamarbeit sollte Schule machen. Strenge Rangordnungen, wie es sie woanders gibt, bremsen doch nur die Kreativität und Leistungsfreude.

Wenn da manchmal ein Student dazukommt, oder einer, der zum ersten Mal ins Berufsleben reinschnuppert, und die erleben, wie das beim Film ist, dann kommen sie nur schwer wieder davon los.

Es ist wohl die Sehnsucht des Menschen, mit anderen gemeinsam an einer Sache zu arbeiten, zu wissen, wofür einer die Kabel trägt oder die Kulisse baut oder eben eine Rolle lernt. Und jeder vom Team ist mit Recht stolz auf seine Leistung, wenn der Film nachher ein Erfolg wird.

## Handwerk und Disziplin sind die halbe Miete – auch für Schauspieler

Zum Schauspielerberuf gehört das Theater. Die Erfahrungen auf der Bühne sind unersetzlich. Jeder junge Schauspieler sollte auf der Bühne beginnen. Für einige kommt der kommerzielle Erfolg leider zu schnell; zufällig sind sie der Typ, der gerade gefragt ist und sie werden hochgejubelt, aber ihnen fehlt die Basis, das Handwerk. Da kann es dann passieren, daß sie ganz schnell wieder weg vom Fenster sind.

Es ist halt etwas ganz anderes, ob man den Hamlet spielen kann, „Sein oder Nichtsein, das ist hier die Frage", oder ob man in einer Serie zu sagen hat: „Mutter, der Postbote kommt." Ich glaube, wenn man das eine nicht gelernt hat, kann man auf die Dauer auch das andere nicht überzeugend darstellen. Das Shakespeare-Zitat vom Sein oder Nichtsein darf man nicht als hohles Klischee anbieten, die philosophische Überhöhung muß mitschwingen, egal, ob man dazu den großen Bühnenton wählt oder aber ganz schlicht, nachdenklich klingt.

Der banale Satz vom Postboten kann aber genauso bedeutungsvoll gebracht werden. Was kann man alles damit ausdrücken! Angst, zum Beispiel, vor dem Überbringer einer schlechten Nachricht oder auch Freude, weil man einen Liebesbrief erwartet; bange Erwartung – der Postbote könnte der ungeliebte zukünftige Stiefvater werden – oder sogar Haß. Ein guter Schauspieler kann jedes Gefühl in einen solchen banalen Satz legen. Ich glaube, man muß zuerst die Klassiker lernen, um die Feinheiten, die Nuancen auch im Alltäglichen spielen zu können.

Im Theater gibt es keine Großaufnahmen. Der Abstand

zwischen Bühne und Theaterbesucher bleibt den ganzen Abend gleich. Sprache, Mimik, Gesten – mit all ihrem Können müssen die Darsteller auch noch die letzte Reihe erreichen. Im Theater wird keine Szene wiederholt, bis sie im Kasten ist. Alles ist hier und jetzt und live – und aufregend. Auch die spontanen Reaktionen des Publikums.

Eine bessere Lehre kann ein Schauspieler nicht haben. Keinen Moment darf er die Kontrolle verlieren, der Zuschauer bemerkt das. Das erfordert Disziplin. Diese Eigenschaft ist das A und O unseres Berufes. Es geht nicht darum, ob einer morgens fünf Minuten zu spät kommt, auch das hält die Arbeit auf und verärgert die Kollegen, aber das meine ich nicht. Es geht darum, daß der Schauspieler seinen Beruf immer wichtig nimmt. Jede Rolle verlangt ihm etwas Neues ab, etwas ganz Spezielles, das er herausfinden und spielen muß.

Mit dem Textlernen fängt es an. Um sich in einer Rolle frei bewegen zu können, muß man den Text perfekt beherrschen.

Natürlich entstehen damit auch schon eigene Vorstellungen von der Rolle. Die meisten Regisseure schätzen das. Bertold Brecht war einer der wenigen, die glauben, daß der Schauspieler sich schon zu früh festlegt, wenn er den Text bereits vor den Proben lernt. Aber Brecht hatte auch lange Probezeiten. Die kann sich ein normales Theater nur in Ausnahmefällen leisten.

Aber auch Brecht-Stücke lassen sich ohne diesen immensen Zeitaufwand inszenieren. Während der Nazizeit gab es in Zürich ein Emigrantentheater. Viele jüdische Schauspieler waren in die Schweiz geflohen und hatten dort am Schauspielhaus eine Theatergruppe gegründet. Die berühmtesten Stücke brachten sie auf die Bühne, mit drei Wochen Probezeit. Für mehr Proben war einfach kein Geld da.

Sie spielen auch Brecht. Schwierige Stücke, aber es wurde eben experimentiert. Sie waren unter Druck, ständig etwas Neues anzubieten. Und sie mußten besonders gut sein, das Publikum war wählerisch und wollte bei der Stange gehalten werden. Mit viel Mut und Spontaneität haben sie es geschafft. Frei nach dem Motto: „In der Beschränkung zeigt sich erst der Meister."

Gute Schauspieler haben diese Spontaneität, die Fähigkeit, in bestimmten Situationen über sich hinauszuwachsen, zu improvisieren, sich tragen zu lassen vom Zusammenspiel mit den anderen. Natürlich auf der Grundlage handwerklicher Perfektion.

## „Learning by doing" oder: Wie man in der Praxis am meisten lernt

Ein großer Teil schauspielerischen Könnens ist Handwerk. Das wird leider auf den Schauspielschulen viel zu wenig gelehrt. Die sind so wahnsinnig weit von der Praxis entfernt, vom Alltag der Schauspieler auf der Bühne und vor der Kamera.

Wenn ich etwas zu sagen hätte, würde ich alle Theater, die vom Staat voll finanziert werden, dazu verpflichten, jedes Jahr Lehrlinge einzustellen, Schauspiel-Lehrlinge. Alle hoch subventionierten Theater müßten ihre vordringliche Aufgabe darin sehen, den Schauspielernachwuchs heranzubilden.

Ich war an der bedeutenden Hochschule für Musik und Darstellende Kunst in Stuttgart, die große Schauspieler hervorgebracht hat. Trotzdem war es für uns Studenten das Interessanteste, wenn wir an einer Bühne eine kleine Rolle beka-

men. Die Bühne ist die beste Lehre. Im Spiel lernen – learning by doing, wie man heute so schön sagt.

Wieviele der großen alten Mimen haben nie eine Schauspielschule besucht! Sie haben das richtige Sprechen und Atmen meist bei einem alten Schauspieler gelernt, der nicht mehr spielte, und haben sich beim Theater vorgestellt, wenn ihr Lehrer der Meinung war, daß sie es schaffen könnten. Sie haben mit kleinen Rollen angefangen. Wenn sie gut waren und talentiert genug, haben sie es nach oben geschafft.

Bei Gründgens, am Preußischen Staatstheater am Gendarmenmarkt, gab es so ein Experiment in Sachen Bühnenausbildung. Auch Gustav Rudolf Sellner hatte, als er Intendant am Darmstädter Theater war, ein sogenanntes Schultheater angeschlossen. Aber die Versuche sind immer wieder gescheitert, weil die Belastung des Spielbetriebs durch die Ausbildung natürlich sehr groß ist.

Heutzutage müßte es aber doch möglich sein, einem solchen Ausbildungstheater zusätzlich Lehrer zur Verfügung zu stellen, die zum Beispiel Sprechausbildung und Atemtechnik lehren. Die Arbeit am Theater ist gerade für junge Schauspieler so wichtig, weil Erfolg oder Mißerfolg sofort zu spüren sind. Das Publikum läßt es sie deutlich fühlen, was ihm gefällt oder nicht.

## Gemeinsam sind wir am stärksten oder: Wie Kollegialität sich für alle auszahlt

Mehr oder weniger hat jeder Schauspieler schon mal versagt. In einem guten Team läßt man ihn dann nicht hängen, auch aus Eigennutz nicht, jeder will den Erfolg, seinen eigenen, aber auch den des Ensembles. Ärgerlich sind natürlich Fehlbesetzungen, aber eigentlich erkennt man die bereits bei den Proben.

Dennoch kann es passieren, daß es einer nicht schafft. Daß er nicht genügend gearbeitet hat, seine Kraft nicht ausreicht oder daß er an einem Abend nicht gut drauf ist. Ein guter

„Handwerker“ muß das überspielen können, das Handwerk des Schauspielers ist sein großer Schatz. Nur mit Talent kommt man nicht weit.

Es gibt diesen alten Theaterwitz, der immer wieder erzählt wird. Da kommt ein neuer Kollege ans Theater, und bei seinem Debüt wird er von der Kritik furchtbar verrissen. Alle Kollegen versuchen ihn zu trösten. Nimm's nicht so tragisch, sagen sie, dieser Kritiker ist ein schrecklicher Kerl, wir haben das auch erlebt. Versuch mal, darüber hinwegzukommen. Als der fünfte Tröster kommt, sagt der neue Schauspieler: „Ich weiß gar nicht, was ihr habt. Ich kenne das, ich hatte noch nie Erfolg.“

## NICHT JEDER MIME IST EIN HAMLET

Es ist gut, wenn ein Schauspieler seine Fähigkeiten richtig einschätzen kann. Wie in jedem anderen Beruf auch, kann man sich nahezu unentbehrlich machen, wenn man selbstkritisch seine Grenzen und Möglichkeiten überprüft und überlegt, wie man diese am besten zur Geltung bringt.

Fast jeder junge Schauspieler glaubt anfangs, er sei die Idealbesetzung für den Hamlet, und die jungen Schauspielschülerinnen sehen sich alle als Gretchen im Faust. Sicher haben einige die Voraussetzungen für diese berühmten Rollen, andere werden es nie im Leben schaffen.

Früher war man der Meinung, daß ein Schauspieler eine möglichst breite Palette an Rollen spielen sollte. Das hat sich verändert. Das Spektrum hängt von so vielen verschiedenen Komponenten ab, auch vom Aussehen, von der Figur und nicht zuletzt vom Alter. Je älter man wird, umso mehr ist man festgelegt, innerlich und äußerlich.

Manchmal sind es gerade die prägnanten Eigenschaften, äußerlich oder in der Sprache eines Schauspielers – eine Statur, die völlig aus der Norm fällt, ein Sprachfehler oder etwas in dieser Art –, die ihm oder ihr die große Karriere bringen. Ob es Karl Dall ist oder Heinz Schenk, der lispelt und trotzdem ein großer Show-Master ist oder die warmherzige und üppige Marianne Sägebrecht – das Publikum schätzt Originalität. Es liebt gerade die Schauspieler, die zwar nicht in allem dem gängigen Schönheitsideal entsprechen, aber dafür Geist, Witz und eine ganz bestimmte Ausstrahlung mitbringen.

Und so ist es zum Glück auch im übrigen Leben. Wie langweilig, wenn wir alle den gängigen Idealen entsprächen! Gerade seine Eigenarten muß man ganz selbstbewußt als Plus verkaufen, dann wird man akzeptiert und ist außerdem unverwechselbar.

Einige Schauspieler haben es geschafft, die kleinen Rollen in Stücken berühmt zu machen und sind damit selber ganz große Stars geworden. Ein Mann wie Hans Moser hätte ja nie eine der großen Rollen, ob nun Hamlet oder Faust, spielen können. Aber in seiner Sparte war er unschlagbar und mauserte sich zum echten Publikumsliebling.

## Ein gutes Team beeinflusst auch die eigene Leistung

Es gibt diesen berühmten Satz von Max Reinhardt: „Wenn ich in ein fremdes Theater gehe, erwarte ich, daß die Hauptrollen gut besetzt sind. Ich gucke auf die kleinen Rollen."

Es zeichnet ein gutes Theater aus, wenn die Nebenrollen

... mit Enkel Sascha im Weinberg

Ein fröhliches Tänzchen mit Kollegin Witta Pohl

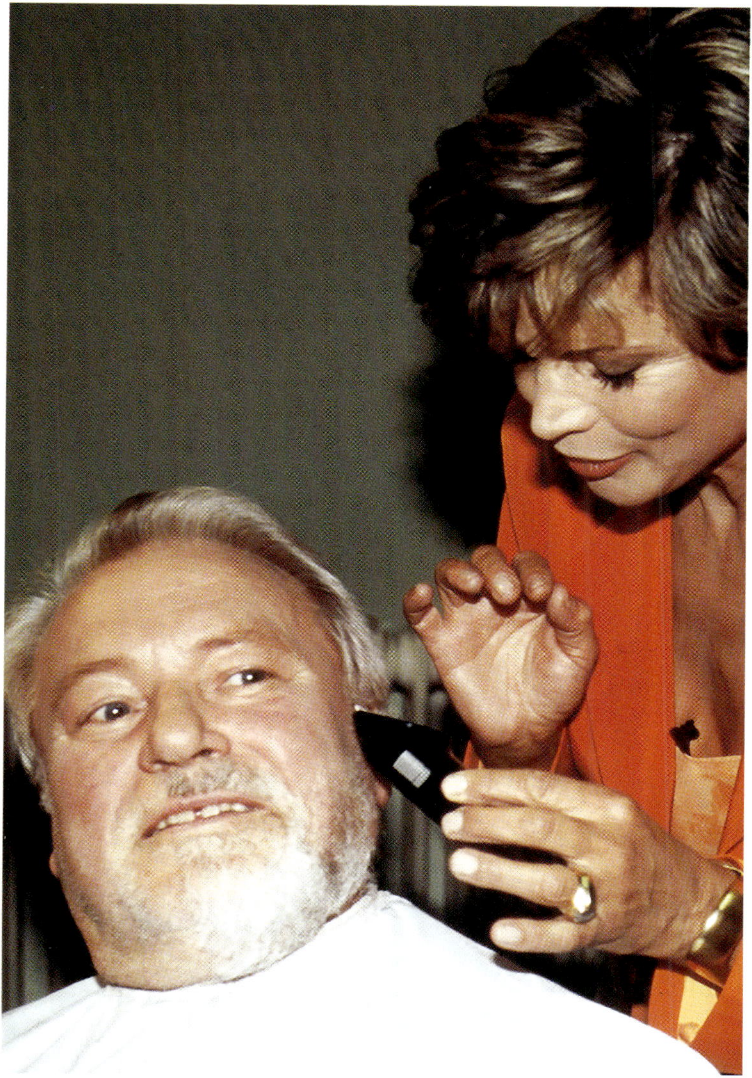

Soll der Bart wirklich ab? Uschi Glas macht ernst...

Szenen aus der SAT.1-Serie *Der König*

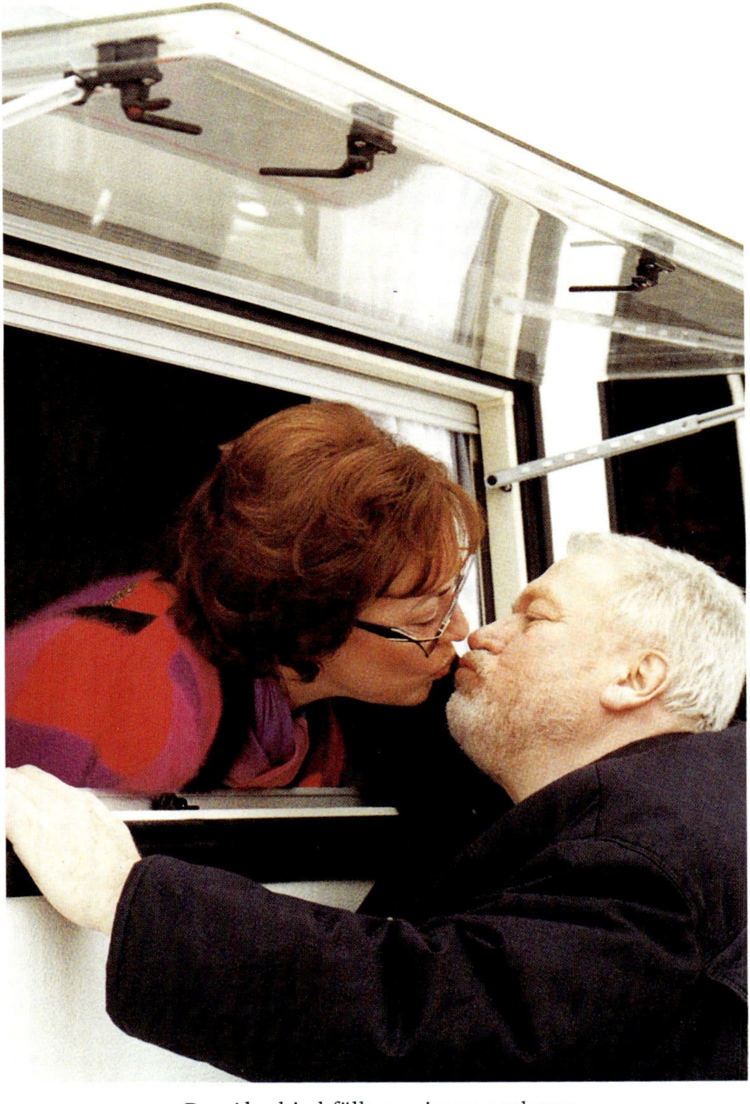

Der Abschied fällt uns immer schwer

Gemeinsam genießen wir den Herbst

Mein ganzes Glück – die Familie

Von links:
Sohn Michael, Schwiegertochter Anna, ich,
Tochter Susanne, Lore,
Schwiegersohn Michael mit Enkel Sascha

gut besetzt sind, wenn sie stimmen. Eine Maxime, die sich auch so mancher Bürochef hinter die Ohren schreiben könnte! Je bessere Mitspieler man hat, desto besser ist man selber. Ich glaube, das gilt nicht nur für die Schauspielerei, sondern allgemein. Frei nach dem Sprichwort: Sage mir, mit wem du arbeitest, und ich sage dir, wer du bist.

Gute Schauspieler bei der Arbeit um sich zu haben, ist etwas Wunderbares. Es gibt Dummköpfe, die meinen, mit schwächeren Leuten kämen sie besser zur Geltung. Das ist Quatsch.

Ich habe eine gewisse Mitsprache bei Besetzungen, und davon mache ich Gebrauch. Es würde mir nicht im Traum einfallen, die Konkurrenz eines guten Schauspielers zu fürchten. Im Gegenteil. Ich hoffe, daß er auch meine Arbeit inspiriert.

Mario Adorf zum Beispiel, den habe ich erst vor gar nicht langer Zeit in der Arbeit mit Dieter Wedel kennengelernt. Das war, als wir den *Schattenmann* gedreht haben, eine Mafia-Geschichte, in der auch Heiner Lauterbach und Heinz Hoenig mit von der Partie waren.

Es stellte sich heraus, daß Mario Adorf und ich als Schauspieler sehr gut miteinander können. Privat kennen wir uns kaum. Und dem Dieter Wedel hat das so gut gefallen, daß er eine Geschichte für uns beide schreibt. Sie soll im nächsten Frühjahr produziert werden.

Ich habe schon mit vielen Schauspielern vor der Kamera gestanden, aber wenn sich zwei so gestandene Profis treffen, ist das ein besonderes Vergnügen. Adorf hat ja lange in Italien gelebt und hier wenig gemacht. Ich freue mich sehr auf die Arbeit mit ihm.

Einmal habe ich mit dem großen René Deltgen zusammengespielt. Am Theater. Ein anderes Mal waren wir auf einer Tournee zusammen und auch vor der Fernsehkamera. Deltgen war ein wundervoller Partner. Ein ganz präzise arbeitender Schauspieler. Ich habe ihn sehr bewundert.

Wenn ich es mir recht überlege, arbeite ich mit vielen Kollegen sehr gern. Christian Quadflieg, der Sohn vom alten Will Quadflieg und Robert Atzorn sind zwei, mit denen ich auch privat sehr befreundet bin. Mit Atzorn habe ich einmal in *Ein Fall für zwei* gespielt. Dann in der wunderbaren Dreiecksgeschichte *Der Betrogene*. An Robert Atzorn schätze ich die Kollegialität und Präzision, mit der er arbeitet.

## AUF DIE FEINABSTIMMUNG KOMMT ES AN

Das ist ja eine Verabredung: wie man eine Szene aufbaut, wie man Pausen setzt, oder wie man sich Stichworte liefert. Ich erwarte von einem Kollegen, daß er bei Drehwiederholungen auch bei den Verabredungen bleibt. Dann kann man sich darauf einstellen. Schlechte Schauspieler, aber manchmal eben auch die ganz genialen, spielen alles immer wieder anders. Das ist etwas Grauenvolles, wenn man sich auf nichts verlassen kann. Da entstehen Unsicherheitsfaktoren für das ganze Team. Da fängt man immer wieder von vorn an.

Auch das hat wieder mit Handwerk zu tun. Am Anfang der Arbeit wird ein Gerüst erdacht, mit den Kollegen und mit dem Regisseur. Das Gerüst muß stehen, für alle, es ist wie bei einem Hausbau. Aber innerhalb dieses Gerüsts – was man in die leeren Felder zwischen die Gerüstbalken packt –, das ist die spontane, einzigartige Leistung des Schauspielers. Bestenfalls küßt einen da die Muse.

## SICH NICHT ZU FRÜH AUFS ALTENTEIL SCHICKEN LASSEN

Wann sollte ein Schauspieler Abschied nehmen von der Bühne? Eine schwer zu beantwortende Frage. Es gibt dafür keine Regeln.

Ich denke, ich werde aufhören zu spielen, wenn ich siebzig bin und vorher schon mal den Ruhestand proben, indem ich mir eine Hälfte des Jahres spielfrei halte. Ein halbes Jahr arbeiten und die andere Hälfte zur freien Verfügung haben, das ist besser, als ganz abrupt aufzuhören. Es wird mir sicher immer wieder schwerfallen, eine interessante Rolle abzulehnen. Aber ich werde genau auswählen und Lore wird mir dabei helfen. Sie weiß genau, wie sehr ich meinen Beruf liebe, aber sie weiß auch, wie sehr ich mir ein wenig Ruhe wünsche, um das zu genießen, was wir uns erarbeitet haben.

Mit siebzig will ich mich dann wirklich von der Schauspielerei zurückziehen und mein Leben leben. Unsere Enkelkinder machen mir soviel Freude, sie sind jetzt in einem Alter, das ich leider bei meinen Kindern viel zuwenig erleben konnte.

Ich will Dinge tun, die ich mein ganzes Leben nicht habe tun können, weil ich keine Zeit hatte, weil immer anderes wichtiger war. Ich denke in diesem Zusammenhang oft an einen Satz, den der Großvater des bekannten Drehbuchautors Robert Stromberger geprägt hat. Robert Schneider, so der Name des Großvaters, war ein Mundartdichter und hat wohl auch so seine Erfahrungen mit dem Älterwerden gemacht:

*„Wie du dich auch drehst und werfst, in des Lebens Leid und Lust, sei froh, wenn du noch was erlebe derfst und nix mehr erlebe mußt!“*

Ich möchte nicht den richtigen Zeitpunkt für einen Rückzug aus der Öffentlichkeit verpassen. Wir Schauspieler sind zwar so ziemlich die einzigen Alten, die von der Allgemeinheit wichtig genommen werden – außer Politikern, die gelten im Alter als reif und sachverständig. Was ich auf jeden Fall verhindern möchte: daß das Publikum irgendwann Mitleid mit mir hat. Die späten Auftritte der einstmals großen Mimen, bei denen die Leute am Bildschirm vor Rührung weinen und gleichzeitig sagen, schau mal, was aus dem geworden ist, die wären mir peinlich.

Auf der Bühne sind große alte Schauspieler dagegen ein wunderbares Erlebnis. Bernhard Minetti zum Beispiel, der die Achtzig längst überschritten hat, hat eine unvergleichliche Ausstrahlung. Seine würdevollen Gesten, die Weisheit eines intensiv gelebten Lebens, die man in seiner Art, mit dem Text umzugehen, spürt – so etwas kann man sich nicht erspielen, man kann es nur haben. Das ist aufregend.

Bühne und Fernsehen sind in dieser Beziehung eben sehr verschieden. Auf der Bühne muß man mit einem dicken Pinsel malen, vor der Kamera mit einem feinen Stift. Die Kamera ist wie ein Röntgenschirm, sie durchleuchtet alles. Sie nimmt jede Regung wahr, bei einer Großaufnahme sieht sie sogar, wie der Schauspieler denkt. Das weiß der Profi, es ist seine Kunst, das für eine Rolle zu nutzen. Aber er sollte auch wissen, wann er sich diesem Röntgenauge nicht mehr stellt.

# Kapitel 7

## Tiere bereichern unser Leben

*Großer Geist, gib uns Herzen, die verstehen:*
*nie von der Schöpfung mehr zu nehmen, als wir geben;*
*nie mutwillig zu zerstören zur Stillung unserer Gier;*
*nie zu verweigern unsre Hand, wo es gilt,*
*der Erde Schönheit aufzubauen;*
*nie von ihr zu nehmen, wes wir nicht bedürfen.*
(Indianergebet)

Lore:

*Hier in Münchsteinach hatten wir schon alle Arten von Tieren: ein Zwergkaninchen, ein Meerschweinchen, Enten, Pfauen, Vögel – Katzen und Hunde sowieso. Ich werde immer getadelt, sehr viel getadelt, weil die Tiere „so eine Wirtschaft machen“ und weil das Haus nicht soviel Pflege bräuchte, wenn die Tiere nicht da wären.*
*Aber sie sind nun einmal da. Ich könnte gar nicht ohne sie sein, ich leiste sie mir einfach. Was hatten wir zum Beispiel für einen Spaß mit den Zwerghühnern – was wir mit denen alles erlebt haben! Die normalen Hühner, die*

*kannst du ja nicht frei herumlaufen lassen; wenn die in den Gemüsegarten geraten, dann ist alles aus. In kürzester Zeit machen sie den nieder. Zwerghühner sind dagegen ganz friedlich mit dem Garten.*
*Eines Tages entdeckte der Hühnerbussard unseren Hof. Günter hat zweimal das kleine Hähnchen retten müssen und einmal auch eine Henne. Er ist auf den Bussard zu, der das Hähnchen schon in seinen Fängen gehabt hat – und der hat wirklich vor Schreck losgelassen.*
*Und dann die Marder. Wenn die nachts in den Hühnerstall eindringen – nicht auszudenken! Rund um Münchsteinach ist Landschaftsschutzgebiet, es darf auch nichts mehr gebaut werden. Das ist herrlich, heißt aber auch, daß sich in unserer Gegend kleine Räuber, wie Füchse und Marder, halten.*
*Unsere Hühner waren ständig in Gefahr. Bei der Nachbarin hat der Fuchs im Hühnerstall mal ein richtiges Blutbad angerichtet, es war entsetzlich.*
*Aber wir haben auch lustige Sachen mit unseren Hühnern erlebt.*

## DIE GESCHICHTE VOM HAHN, DER ZU VIELE HENNEN HATTE UND VON DER HENNE, DIE EIN HAHN SEIN WOLLTE

Unser Zwerghahn war ein putziger Geselle. Und ein ganzer Kerl, was die Hühner betraf. Was wir zunächst noch nicht wußten: auch die enorme Potenz eines Hahnes hat ihre Grenzen. Mehr als fünfzehn Hühner im Hof schafft der beste von ihnen nicht.

Wir hatten dreißig Hühner.

Der Hahn hat versucht, so viele wie möglich zufriedenzustellen. Das hat ihn auf die Dauer so geschwächt, daß er eines Tages in Ohnmacht fiel. Er lag auf dem Hof, lag auf der Seite wie tot, und seine Hühner gackerten um ihn herum. Wir konnten uns das Ganze nicht erklären. Als sich die Ohnmachten immer öfter wiederholten, haben wir den Tierarzt geholt, und der hat uns erst einmal aufgeklärt, warum unser Hahn so erschöpft war.

Abends haben wir dann auch mal in den Hühnerstall geschaut, man ist ja besorgt um so ein Tier, und dieser Hahn war auch ein besonders schönes Exemplar. Was wir beobachteten, war sehr interessant. Ganz oben auf der Hühnerleiter saß der angeschlagene Liebhaber zwischen seinen beiden Lieblingshennen. Er hatte seine Flügel über sie gebreitet und ließ sich von ihnen stützen. Unter ihm die klassische Rangordnung: in der Mitte die jüngeren Hühner, die ganz jungen hockten unten auf dem Boden. Leider ist unser Hähnchen doch noch gestorben, obwohl wir versucht haben, ihn mit Vitamin-E-Spritzen wieder hochzupäppeln.

Nun gab es keinen Chef mehr im Hühnerstall, und da passierte etwas ganz Verrücktes. Wenn ich es nicht selbst gesehen hätte, würde ich es nicht glauben: eine Henne machte sich zum Hahn. Ich weiß nicht, ob man das biologisch erklären kann, aber es war so.

Wir hatten einen Hackstock im Hof. Auf den war der Hahn immer draufgesprungen und hatte gekräht. Nun übernahm eine Henne das Kommando im Hühnerhof, sie sprang auch auf den Stock und versuchte zu krähen. Es war zum Piepen! Sie hat die Hühner besprungen und sich auch eine Lieblingshenne erkoren, die am Ende vollkommen zerhackt war und keine Federn mehr auf dem Kopf hatte.

Eier legte die Chef-Henne in der Zeit übrigens nicht mehr.

Lore:

*Die Geschichte ist ja noch nicht zu Ende! Weil dieses Huhn absolut keine Eier mehr legen wollte, bin ich immerzu im Hühnerstall gewesen und habe sie beobachtet. Günter war schon ganz eifersüchtig, er hat immer gefragt, wo ist die Lore jetzt schon wieder? Natürlich, im Hühnerstall!*
*Weil der Henne kein Ei mehr gelingen wollte, ging ich zur Nachbarin, die viel von Hühnerzucht versteht. Sie sollte nachfühlen, ob sie noch legen würde oder nicht. Das Ergebnis ihrer Untersuchung: bei der Henne tat sich nichts mehr.*
*Das war im Herbst.*
*Im Frühjahr bekamen wir, eher zufällig, wieder einen Hahn. Da ging der Kampf los. Zwei echte Hähne im Hof, das wäre nicht gegangen, die muß man trennen. So aber ließen wir der Geschichte ihren Lauf. Wir waren sehr gespannt, was passieren würde. Bei uns kämpften Hahn und Henne - bis der Hahn schließlich siegte. Er besprang die Henne und bald darauf, man glaubt es nicht, legte sie auch wieder Eier.*

Als ich Lore kennenlernte, haben wir viele Gemeinsamkeiten festgestellt. Wir schätzen beide das Landleben, gehen gerne spazieren, wir lieben das Theater und wir mögen Tiere.

Ich bin mit Tieren aufgewachsen, aber Lore hat eine ganz besondere Beziehung zu ihnen. Ich beobachte immer wieder, daß ihr Tiere zulaufen.

Deshalb wollte ich gern einmal mit ihr nach Assisi, in die Gegend, wo der Heilige Franz von Assisi gelebt hat. Dieser Heilige hat die Tiere ja so geliebt, daß er ihnen eine Seele zugesprochen hat - im Gegensatz zur offiziellen Haltung seiner Kirche, für die nur „das Geschöpf Mensch" beseelt war.

Nach allen Beobachtungen der Verhaltensforscher und auch aufgrund unserer eigenen Erfahrungen würde ich denken, daß Tiere eine Seele haben. Tiere können sich freuen, können traurig sein, sie gehen Bindungen ein, mehr oder weniger, jedes nach seiner Art.

Als Lore einmal mit einer schweren Grippe im Bett lag, wich unsere Hündin Asta nicht von ihrer Seite. Asta wollte ständig gestreichelt werden, sie stubste mit ihrem Schnäuzchen sofort Lores Hand, wenn sie aufhörte, sie zu kraulen. Das Schönste war, wenn sie ihren Hundekopf auf Lores Hand legen konnte.

Unsere Asta war immer eine sehr anhängliche Hündin, aber so auffällig hatte sie Zärtlichkeiten noch nie eingefordert. Lore konnte sich ihr Verhalten nicht erklären und erzählte unserem Arzt davon. Der kannte Hunde gut und wußte, daß sie auf diese Weise versuchen, die Krankheit ihres Herrchens oder Frauchens auf sich zu ziehen.

Wer kennt sich schon so genau in der Psychologie eines Hundes aus? Selbst wir, die wir ständig Tiere um uns haben, sind oft erstaunt über ihre Feinfühligkeit und Opferbereitschaft. Manchmal könnte man glauben, daß Tiere in ihrer unbedingten Treue zuverlässiger sind als wir Menschen, die wir oft so schnell vergessen, mit wem wir glücklich gewesen sind.

Was Lore und mich sehr bedrückt ist, wieviel Schindluder

mit Tieren getrieben wird, vor allem mit denen, die in Massen und auf engstem Raum gehalten werden, damit wir sie möglichst preiswert essen können.

## Das KZ-chen

Lore:

*Eines Nachts fahren wir von irgendwelchen Dreharbeiten nach Hause und halten an einer Tankstelle an. Während Günter tankt, laufe ich ein bißchen herum, vertrete mir die Beine. Da sehe ich etwas Eigentümliches und überlege, was das wohl sein könnte.*
*Fast nackig hockt die kleine Kreatur im Gras neben der Tankstelle, zur Autobahn hin. „Ein Huhn!", schreie ich. Aber es war eigentlich kaum noch als Huhn zu erkennen. Es hatte nur noch ein paar Federn, der Kamm war übermäßig groß und hing schlapp herunter. Die Krallen waren so lang, daß das Tier gar nicht damit laufen konnte; seine Beinchen wären dafür sowieso zu schwach gewesen, es konnte kaum stehen.*
*„Das passiert hier immer wieder mal", sagte der Tankwart, der hinzugekommen war. „Die fahren hier vorbei und bringen sie in bestimmte Gaststätten als Brathähnchen, aus dem Hühner-KZ, wie wir immer sagen."*
*Das arme Viech stammte aus einer dieser Hühnerfarmen, wo drei oder vier Hennen in einem winzigen Drahtverhau sitzen und sich kaum bewegen, geschweige denn laufen können. Wahrscheinlich war es beim Anfahren herausgefallen, die Tiere sitzen ja auch in diesen Transportfahr-*

*zeugen furchtbar zusammengepfercht.*
*Man sieht die Hühnertransporte ja öfter und ist schrecklich hilflos vor dem Elend.*
*Wir drei, Günter, der Tankwart und ich, haben das Hühnchen dann vorsichtig eingekreist und in unser Auto gesetzt. Zu Hause haben wir es von unserem Tierarzt untersuchen lassen. Es war erstaunlich gesund und brauchte nur ein paar Vitamine. Ich setzte es ins Freigehege, in dem ich sonst meine Küken hielt.*
*Die anderen Hühner sind ja nicht sehr freundlich, wenn ein neues Tier auf den Hof kommt. Sie wollen ihren Hühnerhof „sauberhalten". Wenn ein neues Tier auftaucht, stürzen sie sich wie die Kannibalen darauf. Ich mußte sehr vorsichtig sein.*
*Das KZ-chen lernte allmählich, sich aufzustellen, der Kamm wurde mit der Zeit auch kleiner, die Krallen hatten wir natürlich gleich am Anfang geschnitten. Das richtige Fressen mußte es erst lernen, es kannte ja nur dieses Fließband, auf dem das Futter vorbeikommt. Weil Käfighennen Angst haben, daß sie nicht genug bekommen, fressen sie immerzu, und je mehr sie nach Futter gieren, desto mehr Eier legen sie. Nach einem Jahr sind sie fertig, total ausgepowert. Dann werden sie geschlachtet und als Hähnchen verkauft.*
*Bei uns hat das KZ-chen noch gute eineinhalb Jahre gelebt. Es wurde ein richtiges Huhn, und als es stark genug war, hat es sich in den Hühnerhof eingegliedert, es wurde von den anderen Hühnern als zugehörig akzeptiert. Wahrscheinlich aus Dankbarkeit für das geschenkte Leben hat das KZ-chen auch noch jede Woche ein Ei gelegt.*
*Hühner leben im allgemeinen vier bis fünf Jahre, unser*

*Schützling hat nur ein Drittel davon geschafft, aber immerhin war es im Alter ein glückliches Huhn.*

Uns würden Geschichten für ein ganzes Buch einfallen, fröhliche und sehr traurige, wir erleben ständig etwas mit Tieren. Man lernt ihre erstaunlichen Fähigkeiten zu schätzen, auch ihre Menschenkenntnis und ihre Treue.

Im Moment haben wir vier Hündinnen, Asta, Susi, Loni und Nora, aber leider keine Katzen. Eine der Hündinnen liebt es, Katzen zu jagen, ihre Mutter hatten wir von Mauritius mitgebracht, und sie wurde bei uns geboren. Dieses kleine Mauritiusfiesel veranstaltet eine Wahnsinnshatz, wenn sich eine Katze auch nur in der Nähe des Hofes sehen läßt. Deshalb schaffen wir vorläufig keine Katze mehr an, obwohl ich das sehr bedaure.

## MENSCHEN, DIE MIT TIEREN LEBEN, SIND GLÜCKLICHER

Es setzt sich immer mehr durch, daß man alten oder sehr einsamen Menschen empfiehlt, sich einen Hund oder eine Katze anzuschaffen.

Ein Tier ist eine Verpflichtung. Man muß es versorgen, man muß mit ihm auf die Straße - also mit Hunden wenigstens –, man kann sich mit ihm unterhalten. Ein Tier spürt auch, wenn man seine Nähe braucht. Umgekehrt braucht es auch Zuspruch und Streicheleinheiten.

In viele Altersheime darf man heute schon sein Tier mitnehmen, vorausgesetzt natürlich, es ist einigermaßen erzogen und kein bissiges Ungeheuer.

## Kapitel 8

## mit Leib und Seele Brücken schlagen

In ihren zweitausend Jahren hat die christliche Kirche eine äußerst wechselvolle Geschichte gehabt. Sie ist gekennzeichnet durch Macht, Intrigen, Religionskriege und Unterdrückung auf der einen Seite, auf der anderen aber auch durch Lebenshilfe, Weisheit, Achtung vor der Schöpfung und durch ihren tiefen Glauben. Wer will das gegeneinander aufwiegen?

Als ich die Rolle des Pfarrer Kempfert übernahm, haben mich solche Fragen beschäftigt. Dieser Pfarrer sollte ein Beispiel geben, eine Brücke schlagen zwischen der Kirche als Instanz und den Gemeinden. Deshalb war mir diese Rolle auch eine Herzensangelegenheit. Ich weiß nicht, ob es das Publikum anders sieht, aber der Pfarrer war meine liebste Serienrolle. Ich habe den Rechtsanwalt Dr.Renz in *Ein Fall für zwei* vorzeitig abgegeben, um den Kempfert spielen zu können.

Die vielfältigen Aufgaben eines Seelsorgers haben mich gereizt. Ich habe bei dieser Arbeit ungeheuer viel gelernt.

Ich schätze die Arbeit eines Pfarrers sehr hoch. Es ist einer der schwierigsten Berufe. Der Pfarrer ist ja nicht nur der kirchliche Seelsorger, wobei schon das eine komplizierte Aufgabe ist, er muß außerdem noch ein Menschenkenner, ja fast ein Psychologe sein. Nur so kann er die vielen Ansprüche, die seine Schäfchen an ihn stellen, auch erfüllen. In kleinen Gemeinden ist der Pfarrer häufig Vertrauter in allen Lebensfragen.

Sein Bischof erwartet von ihm, daß er die offizielle Kirchenpolitik vertritt; als Vertreter der christlichen Moral muß der Pfarrer in der Öffentlichkeit ein Beispiel geben. Es ist ein Beruf, für den man geboren sein muß, für den man Herzensgüte, Opferbereitschaft, Gerechtigkeitsgefühl und eine breite Bildung braucht.

Gerade in Verbindung mit der Rolle des Pfarrer Kempfert sind mir alle diese Anforderungen, die an eine Pfarrerpersönlichkeit gestellt werden, so recht bewußt geworden. Dieses ganze Anspruchsbündel kann höchstens ein Fernsehpfarrer, und dann auch nur mit Hilfe des Drehbuchschreibers, perfekt erfüllen.

## Wenn ich einmal Papst sein dürfte

In der evangelischen wie in der katholischen Kirche gibt es enorm gute und engagierte Pfarrer. Wenn es den Kirchen gelingt, sich zu erneuern, dann wird das ein Prozeß sein, der von dieser Basis her in Gang kommt. Besonders die Geistlichen der katholischen Kirche suchen diese Erneuerung. Natürlich auch in ihrem ganz eigenen Interesse.

Ich bin einmal gefragt worden, was ich verändern würde, wenn ich Papst wäre. Darüber mußte ich gar nicht lange nachdenken, das liegt für jeden an der katholischen Kirche interessierten Menschen auf der Hand. Ich würde als erste vordringliche Maßnahme den Zölibat, also die verordnete Ehelosigkeit der Priester, abschaffen. Als wir mit der Pfarrer-Serie anfingen, hatte unser Regisseur Dieter Wedel Informationen darüber sammeln lassen, wie viele Priester mit dem Zölibat nicht zurechtkommen. Wir erfuhren, daß über die Hälfte von ihnen es auf die eine oder andere Weise nicht aushält, auf Dauer enthaltsam zu leben. In jedem bischöflichen Ordinariat existiert eine ganze Abteilung, die sich um die Kinder katholischer Priester und die dazugehörigen Frauen kümmert. Es gibt sogar Geld-Fonds für die Ausbildung dieser Kinder.

Als die große öffentliche Diskussion um den Zölibat begann, haben sich etliche Pfarrer zu ihrem heimlich gelebten Leben bekannt. Zu ihrer Sexualität, zu ihrer Homosexualität. Sie wollten das lebensfremde Keuschheitsgelübde, die verordnete Heuchelei nicht mehr ertragen. Viele sind aus ihrem Dienst entfernt worden, aber sie haben in ihrer Ehrlichkeit ein Zeichen gesetzt. Inzwischen sprechen sich ja auch viele Gläubige, gerade in Zeiten des Priestermangels, für eine Abschaffung des Zölibats aus. Sie wünschen sich Priester, die das Leben in der gesamten Bandbreite kennen.

Als wir für eine Folge von *Mit Leib und Seele* in Rom gedreht haben, sprachen mich eines Tages ein paar junge Burschen an. Sie sahen aus wie Sportler, Baseballspieler vielleicht. Es waren junge katholische Geistliche, die gar nicht als solche zu erkennen waren. Sie kamen in einer Drehpause auf uns zu und bedankten sich dafür, daß so wichtige Kirchenprobleme in unserer Serie angepackt würden. Das sei auch für sie von höchstem Interesse. Sie erwähnten ausdrücklich den Zölibat und sprachen sich für seine Abschaffung aus.

## GLAUBE IST MEHR ALS DIE ZUGEHÖRIGKEIT ZU EINER KONFESSION

Ich bin ein Mensch der Ökumene, eines übergreifenden Sinns von Christlichkeit. Unser Haus in Münchsteinach haben zwei Pfarrer geweiht, ein katholischer und ein protestantischer. Jeder hat uns bei dieser Feier ein Kruzifix überreicht. Es hat für mich eine symbolische Bedeutung, daß diese beiden Kreuze jetzt in unserem Haus friedlich beieinander hängen.

Mein Vater war ein strenger Protestant, sein Bruder war Dekan und gehörte als Pfarrer der hessisch-nassauischen Landessynode an, in der weiteren Verwandtschaft gab es mehrere evangelische Geistliche.

Mein Vater haßte die katholische Kirche. Ein Grund dafür war, daß er meine Mutter zunächst nicht heiraten durfte. Sie war Katholikin, und ihre Eltern erlaubten eine Ehe mit meinem Vater nicht. Das ging ewig hin und her, und die beiden waren sehr unglücklich, bis sie sich entschlossen, ihre Geschicke selber in die Hand zu nehmen und gegen den Willen der Brauteltern zu heiraten.

Daraufhin wurde meine Mutter von der Kanzel herunter exkommuniziert. Das war damals in einem Dorf furchtbar, es war das letzte, was einem passieren durfte. Man wurde vor der versammelten Gemeinde aus der Kirche ausgestoßen. Für die Dorfbewohner war sie damit auch gesellschaftlich erledigt.

Auf protestantischer Seite war man damals schon weiter. Gemischt-konfessionelle Ehen, wie das im Kirchendeutsch heißt, wurden toleriert. Folglich ließen sich meine Eltern evangelisch trauen. Wir Kinder wurden evangelisch erzogen.

Nach dem Tod meines Vaters, Jahrzehnte später, passierte

etwas, was meine Mutter bis ins Mark erschütterte. Sie war gerade mal sechs Wochen verwitwet, da stand ein katholischer Pfarrer aus Darmstadt bei ihr vor der Tür. Er wollte das verlorene Schäfchen wieder heimholen, in den Schoß „ihrer" Kirche.

Meine Mutter fand dieses Ansinnen natürlich skandalös. Zum einen konnte sie nie so recht verwinden, wie hart man sie damals wegen ihrer Liebe zu meinem Vater bestraft hatte, zum anderen war sie ganz sicher, längst Mitglied der anderen, der evangelischen Kirche zu sein. Darin irrte sie allerdings.

Sie war damals als Katholikin mit einem Protestanten verheiratet worden. Für die evangelische Kirche war es nicht erforderlich gewesen, daß sie ihren alten Glauben ablegte. So tolerant war man schon damals.

Als ihr das klar wurde, ist sie noch als Witwe ganz schnell zum evangelischen Glauben übergetreten.

Ich selbst fühle mich der katholischen Kirche durchaus verbunden. Mit der katholischen Verwandtschaft meiner Mutter kam ich immer wunderbar zurecht. Ich erinnere mich noch, als dann eine Versöhnung zwischen den Familien meiner Eltern stattgefunden hatte, war ich oft in Wasserlos. Ich ging auch gern in die katholische Kirche dort. Als Junge schon sah ich, da war mehr los, da wurde mehr „Theater" gemacht. Einmal habe ich mir sogar das Aschenkreuz auf die Stirn geben lassen. Als mein Vater das sah, war er entrüstet, es gab einen Riesenkrach und er hat mich gleich mit nach Hause genommen.

Heute, aus dem Abstand, muß ich sagen, daß mir die evangelische Art des Glaubens oft zu nüchtern ist. Spiritualität hat für mich auch etwas mit wunderschön gestalteten Altären und mit Zeremonien zu tun.

Vergleicht man eine katholische Messe und einen evangelischen Gottesdienst, wird einem bewußt, daß die Lutheraner, in ihrer strikten Abgrenzung von der Pracht, auf einen wesentlichen Teil kirchlicher Ansprache gänzlich verzichtet haben. Auf die sinnliche, manchmal mystische Erfahrung Gottes, so will ich es einmal nennen. Dafür brauchen Menschen das große Gefühl; die „Pracht und die Herrlichkeit“ regen an, sich zu versenken, dem Geheimnisvollen nachzuspüren. Glaube ist doch auch, oder vor allem, eine gefühlvolle, eine sinnliche Angelegenheit, nicht eine des Geistes.

## AUF DEM PETERSPLATZ

*Als ich den Papst drauf sah*
*in seiner Pracht, das Hochamt halten*
*und die Völker segnen...*
(Friedrich Schiller)

Ich bin zweimal vom Papst empfangen worden und muß sagen, das waren für mich unvergeßliche Momente.

Wenn der päpstliche Segen auf dem Petersplatz erteilt wird, finden sich zehntausende Gläubige und Touristen ein. Ihr Jubel und die Begeisterung sind ansteckend. Man wird, wie in einem Sog, mitgezogen und empfindet plötzlich die Macht, die von der Kirche ausgeht. Dabei spielen natürlich die wunderbaren Kirchenrituale der Katholiken eine große Rolle. Der Papstsegen wird ja nicht einfach erteilt, er wird zelebriert.

Meine erste Papstaudienz liegt schon ein paar Jahre zurück. Sie fand in den Räumen des Vatikans statt. *Mit Leib und Seele* war gerade im Fernsehen gelaufen. Der Erfolg der

Serie war wohl auch der Grund dafür, daß meine Frau und ich diese Audienz gewährt bekamen.

Das zweite Mal, 1995, war ich zu einer Generalaudienz auf dem Petersplatz geladen. Hierbei empfängt der Pontifex öffentlich einzelne Menschen oder Gruppen.

Früher ging der Papst auf jeden seiner geladenen Gäste zu, aber durch seine Krankheit fällt ihm das Laufen mittlerweile sehr schwer. Nun wird der Gast zu ihm geleitet. Seitlich von ihm stehen seine engsten Mitarbeiter. Sie bereiten ihn leise auf seinen jeweiligen Besucher vor.

Auch in meinem Falle zeigte sich der Papst gut informiert. Er begrüßte meine Frau und mich und dann die Schwiegereltern unserer Tochter, die auch dabei waren. Dann segnete er uns Anwesende, unsere Kinder, das neugeborene Enkelkind und auch die anderen und sprach mich wieder auf meine Pfarrer-Rolle an. Die Serie *Mit Leib und Seele* wird von der katholischen Kirche sehr geschätzt. Sie wird, abgesehen von einigen Teilen, für junge Priester zu Lehrzwecken genutzt.

Am Ende der Audienz überreichte mir der Papst eine Urkunde, einen Glückwunsch zu meinem 65. Geburtstag.

*„Für Herrn Günter Strack, der aufgrund seiner großen schauspielerischen Begabung zahllosen Menschen Freude und Besinnung vermittelt, spreche ich, mit meinem Gebet um weitere reiche Schaffenskraft, anläßlich des 65. Geburtstages, meine herzlichsten Glückwünsche aus und erteile ihm und allen seinen Lieben von Herzen meinen apostolischen Segen. Johannes Paul II.“*

Damit hatte ich nun gar nicht gerechnet.

Ich war sehr berührt. Ein bewegender Augenblick, vor dieser großen Persönlichkeit der Kirche zu stehen. Der Papst machte auf mich einen milden, weisen Eindruck. Die Härte, die man ihm nachsagt, habe ich nicht empfunden.

Ich bin aus Rom weggefahren mit der Gewißheit, daß die katholische Kirche auch weitere 2000 Jahre existieren wird, sie ist eine gewaltige Macht. Und sie hat ein riesiges Volk gläubiger Menschen hinter sich, nicht nur in Europa, vor allem in Lateinamerika und in Afrika, bei den Ärmsten der Armen.

Wir sollten nicht vergessen, daß wir der Kirche, auch der katholischen, viel verdanken. Sie schützt Alte und Kranke in einem Maße, wie es der Staat nie könnte. Sie kümmert sich um die Randgruppen der Gesellschaft, ihr Trost und ihre pflegerischen Leistungen sind unersetzlich. Und schließlich, eigentlich gehört das an die erste Stelle: 2000 Jahre europäischer Kultur wurden zu einem großen Teil auch von der christlichen Kirche getragen.

## VERGEBEN UND VERGESSEN

Kürzlich hat sich mir ein Bekannter anvertraut, er hat mir Dinge erzählt, mit denen er nicht fertig wird. Ich war plötzlich in der Situation eines Beichtvaters, von dem auch ein Rat erwartet wird. Es war eine schlimme Geschichte.

Seine Frau hatte sich mit ihrer Mutter so entzweit, daß sich beide als Feindinnen gegenüberstanden. Die Mutter war gerade zur Witwe, die Tochter zur Halbwaise geworden. Die Trauer legte die Nerven bloß. Die Mutter warf der Tochter eine Vergangenheit vor, die längst überwunden ist. Sie riß alte Wunden auf und gab keine Ruhe, obwohl die junge Frau heute mit ihren zwei Kindern und ihrem Mann ruhig und in Frieden lebt.

In dieser erhitzten Situation hat sich die Tochter nicht anders zu wehren gewußt; ihr ist die Hand ausgerutscht, sie hat ihre Mutter geohrfeigt.

Die Mutter hat nun Strafanzeige gegen ihr eigenes Kind gestellt. Es könnte zu einem Prozeß kommen. So weit können Menschen in ihrem Zorn gehen.

Ich habe dem Ehemann der Tochter gesagt, daß er unbedingt versuchen muß, die Mutter von ihrer Anzeige abzubringen und daß nur er zwischen den beiden vermitteln könne.

Bei diesem Gespräch habe ich mich sehr an meine Rolle als Pfarrer Kempfert erinnert gefühlt. An die Szenen im Beichtstuhl.

Ich halte die Beichte für eine gute Sache. Menschen reden mit ihrem Seelsorger über ihre Probleme, bekommen Rat.

Krisen, Verstrickungen, Schuld, alles wird klarer und übersichtlicher, wenn man darüber sprechen kann. Einem anderen Menschen sagen zu können, wie einem zumute ist, ohne Gefahr zu laufen, daß er es weiterträgt, das verschafft sicher große Erleichterung.

Es ist auch befreiend, eine Schuld einzugestehen und dafür Absolution zu erhalten. Ich meine natürlich nicht, daß Verbrechen, die begangen wurden, auf diese Weise aus der Welt geschafft werden können. Das ist ein anderes Problem.

Mein Vater lehnte die Ohrenbeichte rigoros ab. Er kam ja vom Lande, wo die Macht und der Einfluß eines Pfarrers viel größer sind als in der Stadt. Wenn ich mir vorstelle, daß ein Pfarrer oben auf der Kanzel wie mit dem Röntgenblick seine Schäfchen durchschaut, kann ich seine Aversionen wohl verstehen. Die Anonymität des Beichtstuhls muß gewährleistet sein. In der Stadt hat jeder, der Zwiesprache halten möchte, die Möglichkeit, in eine Kirche zu gehen, wo der Pfarrer nicht

alles von ihm weiß. Das ist eine viel entspanntere Situation.

Die Beichte könnte wohl so manche psychologische Therapiestunde ersetzen. In der geht es schließlich auch darum, daß sich jemand Zeit für uns nimmt, zuhört und hilft, nach Lösungen zu suchen - allerdings gegen Bares oder auf Krankenschein.

# Kapitel 9

## Wir haben alle unsere kleinen Marotten

### Aus dem Nähkästchen geplaudert

Caruso, der große Sänger, sammelte Nägel. Wo auch immer er auf eine Bühne kam, zuerst einmal sah er sich nach einem Nagel um. Es ist kein Problem, auf Bühnen Nägel zu finden, weil die Kulissen aus Holz und Pappe zusammengezimmert sind. Wenn es aber doch passierte, daß der Maestro keinen fand, wurde er ganz nervös und der Abend lief schlecht für ihn. Jedenfalls behauptete er das. Meist war er dann auch wirklich nicht so überragend, wie man es von ihm gewöhnt war.

Mein Vater sammelte nach dem Krieg auch Nägel. Er hob sie alle auf, die krummen klopfte er wieder gerade, die rostigen wurden auch ein bißchen bearbeitet. Alle wurden, fein sortiert, aufbewahrt. Nun gab es nach dem Krieg kaum Nägel zu kaufen. Es war ein Schatz, wenn man welche besaß. Leute aus den Städten fuhren mit Nägeln, mit Werkzeug, aber auch mit Schmuck oder mit Teppichen über Land und versuchten, ihre Schätze gegen Kartoffeln, Speck oder Eier einzutauschen.

Die Natural-Wirtschaft blühte, jeder brachte ins Geschäft, was der andere nicht hatte, aber gebrauchen konnte.

„Vorsichtshalber aufheben“ ist auch meine Devise. Ausgerechnet das Aufheben habe ich von meinem Vater übernommen. Ein Sammler, vielleicht von altem Porzellan oder von Zinnsoldaten, bin ich nicht. Ich bin ein Aufheber.

Vor allem von alten Kleidungsstücken kann und will ich mich nicht trennen. Nichts darf weggeworfen werden. Lore versteht das nicht, sie möchte die abgetragenen Klamotten lieber loswerden. Wozu brauchst du diese alten Anzüge noch, stöhnt sie, die passen dir doch gar nicht mehr. Und ich sage: ja, eben deshalb, vielleicht muß ich mal eine Rolle spielen von einem, dem sein Anzug nicht mehr paßt.

Es ist tatsächlich so. Manchmal werden alte Sachen gebraucht, in einem Film, dessen Handlung Jahre zurückliegt oder der in einem bestimmten Milieu spielt. Wenn die Sachen dafür neu genäht und anschließend auf alt getrimmt werden müssen, sieht man trotzdem, daß sie eigentlich neu sind. Außerdem finde ich das viel zu teuer. Mein Garderobier, der Schneidermeister Wolfgang Lorenz, der schon viele Jahre für mich näht, ist der gleichen Ansicht.

Mittlerweile habe ich einen ganzen Speicher voller Hosen und Anzüge. Alles gut sortiert.

Seit vielen Jahren schon habe ich immer mal wieder abgenommen und zugenommen und wieder abgenommen. Da brauche ich halt Anzüge für die Abnehmphase, für die Zwischendurchphase und dann wieder für die dickere Phase. Bei Hemden ist das genauso. Ich kann Hemden nicht von der Stange kaufen, ich muß sie nähen lassen. Wenn sie dann schon abgestoßene Ecken haben, will meine Frau sie wegtun. Eigentlich kann man auch wirklich nicht mehr damit gehen, aber für eine Rolle kann ich sie noch gebrauchen. Wenn ein neues Hemd alt aussehen soll, dann müssen die Stäbchen entfernt werden, die Kanten werden mit der Rasierklinge abgeschabt und die gewisse Steife, die neue Hemden haben, herauszuwaschen, kostet ebenfalls viel Zeit und Mühe. Da kann ich doch besser meine alten Hemden anbieten!

Ich gebe zu, daß ich alles aufhebe, ist etwas übertrieben. Aber man weiß doch nie, ob es nicht doch noch einmal zu gebrauchen ist.

## Glücklich, wer sein eigenes kleines Reich hat

Mein Arbeitszimmer ist mein Reich. Selbst meine Frau darf da nichts verändern. Keiner darf das. In meiner geordneten Unordnung finde nur ich mich zurecht.

Einmal im Jahr wird groß aufgeräumt. Das ist eine schreckliche Arbeit und anschließend hat das Zimmer eine völlig veränderte Atmosphäre. Aber die hält zum Glück nicht so sehr lange an.

Ich bewahre auch Briefe auf. Alle. Schränke voll. Als wir nach dem Umbau von Darmstadt ganz nach Münchsteinach gezogen sind – das war Anfang 1994 – ist mir erst bewußt geworden, wieviele das sind: ganze Schränke mit Briefen und Andenken. Ich weiß noch gar nicht, wo ich die hier auf Dauer lassen soll. Vieles ist noch in Koffern. Und wenn ich jetzt irgend etwas suche, ist es bestimmt in einem der Koffer.

Ich finde es dann auch. Manchmal bin ich selber verwundert, daß ich es tatsächlich in meiner Unordnung finde. Eigentlich bin ich sehr ordentlich, fast penibel. Ich gelte als diszipliniert, pünktlich und zuverlässig. Nur auf meinem

Schreibtisch herrscht eine heillose Unordnung. Für den Schreibtisch fehlt mir die Zeit. Ich habe sie nicht. Berge von Post kommen täglich, oft schaffe ich es nicht einmal, sie zu sortieren. Die geschäftliche Post bekommt meine Sekretärin, aber der riesige Rest!

Wenn ich mir dann in stilleren Zeiten, so zum Jahresende vielleicht, alles noch einmal durchschaue, habe ich oft ein sehr schlechtes Gewissen. Persönlich wichtige Dinge sind liegengeblieben, so manche Freundlichkeit, so manche Frage um Rat ist nicht beantwortet worden. Da hoffe ich ganz im stillen, daß die Briefschreiber wissen, es ist keine böse Absicht, nur Zeitmangel.

Ich genieße es sehr, mich in mein Arbeitszimmer zurückzuziehen. Wenn ich wirklich einmal Zeit für meine Korrespondenz habe, setze ich mich hin und schreibe mit der Hand.

Auch in diesem sehr persönlichen Bereich bin ich konservativ. Die neue Technik sagt mir nichts. Briefe schreibe ich gerne mit dem Füllfederhalter. Ich bin so groß geworden, und ich möchte es auch dabei belassen. Es hat für mich eine andere Bedeutung, handschriftliche Briefe zu verfassen oder zu bekommen. Die Handschrift sagt so viel über einen Menschen! Aber wer schreibt heute noch Briefe. Meist wird telefoniert, es geht schneller und ist so schön unkompliziert.

Ich benutze kein Handy. Ein Auto-Telefon ja, aber kein Handy. Ich mag auch nicht mit einem Computer umgehen. Ich will das alles nicht mehr lernen. Vielleicht später, wenn ich mehr Zeit habe, kommt der Spaß daran. Jetzt haben andere Dinge den Vorrang.

## Pünktlichkeit ist die Höflichkeit der Könige

Pünktlichkeit ist uns Deutschen ja sozusagen angeboren. Bei mir kommt sie wohl aus der Erziehung, mein Vater war auch in dieser Hinsicht sehr genau; und natürlich hat sie mit meinem Beruf zu tun. Pünktlichkeit und Zuverlässigkeit – für einen Schauspieler sind sie lebenswichtig. Eine ganze Vorstellung kann von seinem pünktlichen Kommen abhängen.

In den südlichen Ländern nehmen es die Menschen mit der Pünktlichkeit viel weniger genau. Ich bin immer schon fünf Minuten vor der verabredeten Zeit da. Am Anfang war ich frustriert, wenn ich in Spanien oder Italien umsonst gewartet hatte; auch in Frankreich läßt man sich Zeit. Damit mußte ich lernen, umzugehen. Heute vergewissere ich mich noch einmal, ob eine Verabredung wirklich ernst gemeint ist.

So wichtig Pünktlichkeit in mancher Hinsicht ist, so wenig sagt sie doch andererseits über menschliche Qualitäten aus. Ich kann nicht sagen, weil wir Deutschen pünktlicher sind, haben wir eine bessere Moral als die Südländer. Jedes Volk hat andere Qualitäten.

Klima, Landschaft, Lebensauffassungen – das alles prägt den einzelnen und die Lebensart einer ganzen Region.

## Von der Pünktlichkeit der Frauen

Mit Lore streite ich manchmal über Pünktlichkeit. Sie nimmt es nicht so entsetzlich ernst damit. Sie sagt: „Es gibt Wichtigeres.“ Ich entgegne dann: „Wenn du einen Beruf ausgeübt hättest, wärest du pünktlicher.“ Wir kommen nämlich immer zu spät, wenn wir irgendwo eingeladen sind.

Natürlich entschuldige ich unser Zuspätkommen nicht damit, daß meine Frau es wieder nicht geschafft hat. Es gibt diesen schönen Satz aus dem Wallenstein, den ich leicht abgewandelt habe: „Spät kommt Ihr, doch Ihr kommt, Graf Isolan. Der lange Weg – entschuldigt unser Säumen!"

Dann lachen alle, und die Situation ist gerettet.

## Humor ist der Schwimmgürtel auf dem Strom des Lebens

Von Wilhelm Raabe ist diese weise Bemerkung. Uns Deutschen wird nachgesagt, daß wir wenig Humor haben und alles bitterernst nehmen.

Wie in fast allen Klischees steckt auch in diesem ein Körnchen Wahrheit.

Auffällig ist zum Beispiel, daß es in der klassischen deutschen Bühnenliteratur nur zwei Lustspiele gibt, wenn man sie denn überhaupt als solche bezeichnen kann. Das eine ist *Der zerbrochene Krug* von Heinrich von Kleist und das andere *Minna von Barnhelm* von Gotthold Ephraim Lessing. Zu mehr Lustspielen haben wir Deutschen es nicht gebracht. In Dramen und Tragödien ist das deutsche Theater stark, aber die Fröhlichkeit, die Lust am Spiel haben wir aus Frankreich und England importiert.

Auf deutschen Bühnen wurde es erst um die Jahrhundertwende ein wenig humorvoller. Später dann hat Carl Zuckmayer *Der fröhliche Weinberg* geschrieben, die Curt-Goetz-Stücke kamen dann, aber das ist schon die Entwicklung hin zum Volksstück, von denen es seit den zwanziger Jahren eine ganze Menge gibt.

Richtiges Boulevardtheater habe ich nie gespielt. Mein Metier sind die klassischen Rollen. Boulevard ist ein Fach für sich, dazu gehört großes Können. Leider wird es in Deutschland immer etwas stiefmütterlich behandelt. Im Ansehen der Theater steht es ziemlich weit unten. In Amerika ist es dagegen total uninteressant, was wichtiger ist, die leichte Muse oder das klassische Theater – allein der Erfolg zählt.

Hierzulande wird sorgfältig getrennt: Erst kommen die klassischen Schauspieler an den Staatstheatern und den großen Städtischen Bühnen, die sind die Größten. Dann folgt der Film, früher war das eine ganz eigene Garde, dann die Rundfunk-Schauspieler mit ihren Hörspielen.

Als die ersten Fernsehproduktionen entstanden, wurde auf die „Neuen" so richtig herabgeschaut – das war ja nun alles andere als Kunst! Aber die „Fernsehkunst" hat sich mächtig gemausert, die Leute lieben die Stücke und auch die Serien. In der Gunst des Publikums liegt das Fernsehen heute ganz vorne.

Eigentlich ist jede Klassifizierung völlig nutzlos, wichtig ist nur, ob jeder das Seine gut oder schlecht macht. Es scheint mir, daß dieses Sortieren mit unserem Mangel an Humor und unserem übertriebenen Ordnungssinn zu tun hat. Nicht allein für Schauspieler ist es ein Problem, daß wir für alles Kategorien haben: welcher Beruf der wichtigste ist, wer was am besten kann, wie man aussehen muß, um irgendwo dazuzugehören, das ist beliebig fortzusetzen.

Um wieder auf Amerika zurückzukommen, dort zum Beispiel ist das völlig anders. Man hat Respekt vor jeder Arbeit und vor jedem Erfolg. Es wird nicht gefragt, was machst du, sondern, was bringt dir deine Arbeit ein? Es gibt dort nicht diesen penetranten Dünkel, der das Leben so schwer macht.

Dünkel bedeutet für mich soviel wie das Gegenteil von Achtung und Freundlichkeit.

## Gott schenkt dir das Gesicht, Lächeln musst du selber

(Irisches Sprichwort)

Ich komme gut mit jungen Leuten aus. Florian zum Beispiel, der Sohn von lieben Freunden, hat uns kürzlich im Urlaub auf Lanzarote besucht. Er ist Anfang dreißig, ein ganz besonderer Typ. Ein Geschäftsmann durch und durch, obwohl er Germanistik studiert hat und einige Zeit in Berlin sehr engagiert ein kleines Theater geführt hat.

Ich mag ihn. Aber er hat manchmal so eine kühle und sachliche Art wie viele seiner Generation, daß ich denke, es muß doch die anderen Leute befremden! Ein Mensch, der sich nicht verschließt, der entgegenkommend ist und lächelt, das ist doch viel angenehmer. Man muß ja nicht jeden ganz nah an sich heranlassen, man kann Grenzen setzen. Für mich ist es wichtig, freundlich zu sein, wer immer mir auch gegenübersteht. Ich möchte auch freundlich behandelt werden.

Aber gerade jüngere Menschen haben dazu oft eine andere Einstellung. Sie bewegen sich in ihren Kreisen, über die hinaus lassen sie niemanden an sich heran. Eher brüskieren sie durch Unnahbarkeit. Es entgeht ihnen soviel dabei.

## Wie froh ich manchmal bin, altmodisch zu sein

Aufgeschlossenheit, Neugier und Toleranz sind wichtige Grundlagen für das Zusammenleben im Kleinen wie im Großen. Lächeln ist der schönste Ausdruck von Entgegenkommen und freundlicher Gesinnung. Probieren Sie es doch mal ganz bewußt aus, mit einem kleinen Lächeln im Gesicht die Straße entlang zu gehen. Die Wirkung ist verblüffend: es wird zurückgelächelt.

In unserem hektischen Alltag lächelt kaum jemand auf der Straße, dafür nehmen wir das Leben zu ernst. Beim Autofahren tippt man sich bestenfalls an die Stirn oder macht noch häßlichere Gesten.

Ein Lächeln kann entwaffnen, es kann heikle Situationen entschärfen. Aber wir alle tun uns schwer damit. Die Neigung, in der gleichen Tonlage zurückzuschimpfen oder gar noch schärfer ist viel stärker. In London bin ich nie häßlich angerempelt worden. Natürlich kann man, ganz ohne Absicht, jemandem auf den Fuß treten, oder ihn schubsen. Eine nette Entschuldigung und ein freundliches Lächeln machen das wieder gut. Bei uns funktioniert aber immer öfter das Prinzip „Wie du mir, so ich dir". Entweder es kommt eine unflätige Bemerkung zurück, oder manchmal sogar ein Tritt.

Unfreundlichkeit und Unhöflichkeit haben manchmal mit schwierigen Lebenssituationen zu tun, wenn etwa ein Angehöriger schwer krank ist oder ein noch schlimmerer Schicksalsschlag einen Menschen gereizt macht. Darüber können die Nachbarn, die Freunde eine Zeitlang hinwegsehen.

Aber viel häufiger ist dieses Verhalten eben ein Zeichen von Respektlosigkeit und Ungezogenheit. Die sogenannten guten Sitten machen schon Sinn: die Aufmerksamkeit für den

Nachbarn ebenso wie für die Frau mit dem Kinderwagen an der Treppe. Wir sollten uns für die kleinen Freundlichkeiten des Alltags mit einem Lächeln bedanken und mit netten Gesten verschwenderischer umgehen.

## Kapitel 10

## Der Mensch ist, was er isst

Wir leben nicht, um zu essen; wir essen, um zu leben, sagte Sokrates. Aber von einem klassischen Philosophen sollte man zu diesem Thema nicht zuviel erwarten. Im übrigen lebte der vergeistigte Grieche in einer Epoche, die bekannt ist für ihre üppigen Gelage.

Essen und Trinken ist nicht allein eine Angelegenheit des Körpers, es labt die Seele.

Menschen, die gern essen, sind meist fröhliche Menschen. Shakespeare läßt seinen Julius Cäsar an einer Stelle sagen: „Laßt wohlbeleibte Männer um mich sein!“ Körperfülle ist ein Zeichen für Genußfreudigkeit und Sinnlichkeit. Natürlich gab es Zeiten, in denen Essen in erster Linie der Nahrungsaufnahme diente. Auch das ist wieder eine der typischen Erfahrungen meiner Generation. In schlechten Zeiten darf nichts „umkommen, der Teller wird leergegessen, was auf den Tisch kommt, wird gegessen.“

Die Erfahrungen der heutigen Jugend sind volle Tische. Wurst und Käse, Fisch vom Feinsten, Salat und Obst im Überfluß – das macht wählerisch. Aber das Riesenangebot an leckeren Dingen verfeinert auch den Geschmack. Heute achtet

man auf Kaloriengehalt und gesunde Ernährung.

Wir wollten damals nach dem Krieg einfach satt werden. Ein dicker Bauch zeigte Wohlstand an. Der moderne Mensch ist schlank. Oft um jeden Preis. Immerzu hungern und sich einschränken, das muß aber gnatzig und griesgrämig machen.

Man beobachte bei Tische diejenigen, die Angst um ihre Linie haben und deshalb bei jedem Happen Kalorien zählen. Wie lustlos sie in den feinsten Speisen herumstochern! Sie machen denen ein schlechtes Gewissen, die all ihre Sinne auf den Genuß des Essens gerichtet haben.

Mit allen Sinnen genießen, das ist auch eine schöne Devise für das Leben insgesamt.

Ich kann nie etwas auf dem Teller lassen. Bis heute nicht. Wer in der Jugend oft hungrig vom Tisch aufgestanden ist, lernt die feine Lebensart, immer nur die Häfte aufzuessen, nur schwer.

Ich bin ein Streß-Esser. Wenn ich viel arbeite, brauche ich viel zu essen. Allen Ärger, den ich so im Alltag habe, den Berufsstreß und andere unbequeme Dinge kann ich mit Essen bewältigen. Andere spülen ihren Ärger hinunter, mit einem Glas Wein oder einem scharfen Schnaps, ich brauche eine kräftige Mahlzeit. Und da ist mir jedes Essen recht, nur gut gewürzt muß es sein.

Diese Art von Streßbewältigung ist niemandem zu empfehlen, sie macht dick. Wenn man viel arbeitet, wie ich, zu dick. Sicher kommt eine Veranlagung meiner Familie zur Fülle hinzu. Und obwohl ich viel laufe und leidenschaftlich gern schwimme, muß ich hin und wieder auf die Bremse treten.

Einmal pro Jahr mache ich eine Fastenkur, um die Pfunde wieder loszuwerden, die ich mir im Laufe der vergangenen zwölf Monate angefuttert habe. Das sind so um die zehn Kilo. Es bleibt ein ewiges Rauf und Runter, ein wenig deprimierend, aber ich habe mich daran gewöhnt. Ich bin eben ein guter Kostverwerter, wie meine Mutter immer sagte.

Drei Wochen lang lebe ich mit fünfhundert Kalorien pro Tag. Eine besondere Lust ist das nicht. Ich leide zwar nicht unbedingt, aber ich kann auch nicht arbeiten. Meine Versuche, in dieser Zeit Texte zu lernen, scheitern jedesmal kläglich. Mein Kopf arbeitet ohne kräftige Eiweißzufuhr nicht.

Deshalb kann ich nur hungern, wenn ich nichts zu tun habe. Ohne ein genußvolles Essen habe ich keine Kraft und bin rundum unlustig und ungesellig. Essen und gute Gespräche gehören für mich ebenfalls zusammen und ein guter Schluck gehört auch dazu.

## DER LIEBE GOTT HAT DICKE UND DÜNNE BÄUME WACHSEN LASSEN

Jede Zeit hat ihr eigenes Schönheitsideal.

Die Vorstellungen darüber, wie ein schöner Mensch auszusehen hat, haben in der Geschichte gewechselt. Aber immer war der einzelne bemüht, sich diesem jeweiligen Schönheitsideal anzunähern. Heute wird uns unter anderem über die Werbung vorgeführt, was wir als schön anzusehen haben.

Für mich ist jeder Mensch schön, auf seine ganz besondere Weise. Wenn er gepflegt und freundlich ist.

Ein Mensch, ob Mann oder Frau, wird unglücklich, wenn er sich nicht so annehmen kann, wie ihn der liebe Gott geschaffen hat. Es wird immer große und kleine, dicke und dünne Menschen geben, immer alte und junge, temperamentvolle und behäbige. Das ist doch auch völlig in Ordnung.

Aber der Jugendkult zum Beispiel, der bei uns betrieben wird, bewirkt, daß die Menschen nicht mehr zugeben wollen, daß sie älter werden. Also versuchen sie, die Jahre aufzuhalten. Sie lassen sich zum Beispiel liften. Selbst bei den Männern greift das um sich. In den USA ist das bereits gang und gäbe.

Nun ist ja Eitelkeit – der Wunsch, gut auszusehen – eine sehr menschliche Eigenschaft. Und ich finde, auch Männer dürfen eitel sein, wenn es sich in Grenzen hält. Aber die sind bekanntlich fließend. Ich weiß von berühmten Schauspielern, die geliftet sind. Mit den Jahren sehen sie dann zwar immer noch glatt aus, aber ihre Haut ist wie Pergament. Man wünscht ihnen von Herzen ein paar Falten, die etwas über ihr Leben und über ihren Charakter aussagen. Älteren Männern stehen Falten doch gut. Eigentlich werden Männer im Alter schöner, sie gewinnen durch ihre Jahre. Das Liften bekommt Gesichtern nicht, es nimmt ihnen die Einzigartigkeit.

Das ist auch bei Frauen so, aber Falten machen sie alt. Da kann ich es schon verstehen, daß sie Mittel und Wege suchen, noch ein Weilchen ohne Falten zu leben. Andererseits kann der Chirurg ihre Zeit nicht anhalten. Auch ältere Frauen sehen gut aus, wenn sie in ihrem Wesen lebendig sind und wenn sie nicht etwas vortäuschen wollen, was sie nicht mehr haben: Jugendlichkeit.

Uns allen wird ständig eingeflüstert, daß wir am besten jung, sportlich, dynamisch und gut gebräunt aussähen. Ich fände das grauslich, eine Gesellschaft wie aus der Konfektion, alle nach einem Schnitt, zumindest äußerlich.

Ich möchte meinen Bauch behalten. Er gehört zu mir, er hat etwas mit meinem Wesen zu tun, mit meinen Lebensgewohnheiten. Und er verschafft mir Vertrauen. Und Arbeit. Vielleicht wären mir die Rollen des Onkel Ludwig, des Pfarrers Kempfert oder jetzt des pensionierten Kommissars König ohne meinen Bauch gar nicht angeboten worden.

Dicke, sagt man, sind gemütliche Menschen. Das Wort Gemütlichkeit wird zwar heute oft mit Spießbürgerlichkeit gleichgesetzt, aber tatsächlich kommt es doch von dem Wort Gemüt. Mit einem Menschen, der Gemüt hat, mit dem mag man reden, dem vertraut man. Diese Ausstrahlung muß ich aber auch schon gehabt haben, als ich noch schlanker war. Es ist dreißig Jahre her, da wurde mir die Rolle eines Landarztes angeboten. Und das Wort Gemüt spielte in diesem Angebot bereits eine große Rolle.

Auch Schauspielerinnen müssen nicht immer Modelmaße haben. Ich denke zum Beispiel an die wunderbare Marianne Sägebrecht. Sicher, auf bestimmte Rollen wird sie verzichten müssen, eine Salondame wird sie nicht sein können. Aber sie ist rundherum ein so properes Weib, erotisch und verführerisch, daß sie genügend Rollen-Möglichkeiten hat. Von Marianne Sägebrecht geht eine so ungeheure Ermutigung für die Frauen aus, die auch keine Modelmaße haben, die unglücklich mit ihren üppigen Formen sind und sich zum Teil krank hungern, um sie loszuwerden.

Es ist nicht wahr, daß wir alle in eine Norm passen müssen, um Erfolg zu haben – es sei denn, wir alle wollten auf den Laufsteg, wo es nicht um Charakter und Einzigartigkeit geht, sondern um Körpernormen und ein glattes junges Gesicht, das jeder gern anschauen möchte.

## Wer nicht liebt Wein, Weib und Gesang, der bleibt ein Narr sein Leben lang

Ein altes Sprichwort, es könnte aus dem Rheinland, aus Hessen oder aus Franken stammen, wo der Wein zu Hause ist. Wein macht die Menschen fröhlich. Um das Zentrum des Weinanbaus herum, an Rhein und Mosel, gibt es noch heute die alten Karnevalsbräuche. Mit kindlicher Lust verkleiden sich die Menschen und feiern miteinander auf der Straße, schlagen auch schon mal über die Stränge. Da fallen die Grenzen zwischen Jung und Alt, zwischen Arm und Reich.

So ein Karneval wäre unmöglich im kühlen Norden

Deutschlands. Da, wo im weitesten Sinne der Weinanbau aufhört, hört auch der Karneval auf.

Wein ist etwas Wunderbares. Er löst die Zungen und öffnet die Herzen. Natürlich darf man nur reinen Wein trinken. Wenn ich jemandem „reinen Wein einschenken will", heißt das ja im übertragenen Sinne, daß ich ihm oder ihr die Wahrheit sagen möchte.

Mein Tip an alle, die sich zu Weinkennern entwickeln wollen: Lieber eine Flasche weniger trinken, und dafür von der besseren Sorte!

## Die Güte des Weins bestimmt seinen Preis

Es muß einmal gesagt werden: die guten Weine gibt es erst ab zehn Mark aufwärts. Sicher, manchmal gibt es auch Schnäppchen, wie überall, die muß man halt ausprobieren.

Ich bin aus Leidenschaft „Nebenerwerbswinzer" – so die offizielle Bezeichnung für mein liebstes Hobby. Ich mache mir viele Gedanken darüber, wie wir Weinanbauer und Weinhändler die Hemmschwelle überwinden können, die viele Verbraucher vor dem Weinkauf haben.

Es ist bedauerlich, wie viele sich vom Expertenwissen einschüchtern lassen. Dazu fällt mir die typische Situation ein, daß jemand in einer Gaststätte oder einem Restaurant abwehrend die Hände hebt, nach dem Motto: danke, nein, vom Wein verstehe ich nichts, und dann ein Bier bestellt, obwohl er eigentlich längst Lust hätte, auch den Wein für sich zu entdecken.

Viele scheuen ganz unnötig davor zurück, in eine Weinhandlung zu gehen, aus Angst, sich zu blamieren. Dabei reicht es völlig, zu sagen, wieviel Geld die Flasche kosten darf und für welche Gelegenheit der Wein sein soll – dann berät jeder Fachmann gern.

Meine Weine kann man in keinem Laden kaufen, sie werden nur verschickt. Nicht zuletzt deshalb gebe ich auf meinen Preislisten drei Werte an: den Gehalt an Restzucker, an Säure und Alkohol. Das sind für den Käufer entscheidende Informationen, nach denen er einen Wein fast „blind" aussuchen kann.

Weine mit einem Säuregehalt über sechs Prozent sind für Magenempfindliche nicht zu empfehlen.

Ein Wein gilt als „trocken" mit einem Restzuckergehalt bis vier Gramm (Frankenweine) beziehungsweise bis sechs Gramm (in den übrigen Weinanbaugebieten). Eine wichtige Zahl, nicht nur für Zuckerkranke. Ich habe Weine, die weniger als ein Gramm Restzucker aufweisen und nicht zu trocken sind.

Der Alkoholgehalt gibt Auskunft darüber, wie „schwer" ein Wein ist. Vielleicht setzt es sich ja durch, daß diese drei Werte in Zukunft von allen Winzern aufgeführt werden. Das würde den Käufern sicher helfen.

Wir Deutschen trinken den Wein nicht so rund um die Uhr wie die Franzosen oder die Italiener. Bei uns gehört der Wein zum Abend, zum Essen oder zu einem Fest. Vielleicht, weil wir nicht so viel Weinbau haben. Deutschland ist ja das nördlichste Weinland.

Wir hatten im Haus meiner Eltern eigentlich feste Regeln, zu welchem Essen welcher Wein getrunken wurde. Roter Wein zu dunklem Fleisch wie Ente oder Braten, weißer Rebensaft zu weißem Fleisch.

Heute spielt das nicht mehr so eine große Rolle, jeder macht es so, wie er es mag. Nur bei offiziellen Essen hält man sich noch ziemlich strikt an die alten Regeln, aber auch da kann jeder sagen, wenn er es gern anders hätte.

In Spanien trinkt man auch den Rotwein gekühlt, das ist bei uns überhaupt nicht üblich. Das haben wir auf Lanzarote kennen- und liebengelernt. In der heißen Jahreszeit ist gekühlter Rotwein viel erfrischender.

Die Gesundheitsforscher haben übrigens festgestellt, daß Rotwein bekömmlicher ist als Weißwein. Gesund sind sie beide – in Maßen genossen. Immer neue Untersuchungen bestätigen die Heilkraft des edlen Rebensafts. Und was das rechte Maß betrifft, so muß ich diesmal dem alten Sokrates beipflichten, der gesagt hat: „Mit den Weintrinkern ist es wie mit den Ähren auf dem Felde – bei zu viel Nässe und Feuchtigkeit liegen sie danieder und können sich nicht erheben. Beim richtigen Maß an Feuchtigkeit jedoch wachsen sie kräftig empor und werden von Wind und Sturm nicht gebrochen."

## Der ökologische Weinbau braucht viele Mitstreiter

Es gibt auch bei den Weinbauern Versuche, ökologisch anzubauen. Das ist allerdings gar nicht so einfach. Es setzt ein relativ isoliertes Anbaugebiet voraus oder aber die gemeinsame Aktion vieler Weinbauern. Sonst ist das sinnlos. Denn in dem Moment, wo der Nachbar spritzt, ist der eigene Weinberg auch davon betroffen. Der Wind trägt die Spritzmittel herüber. Man muß, das ist vorläufig die einzige Lösung, versuchen, so sparsam wie möglich mit dem Spritzen umzugehen.

Wie auch immer wir den Wein genießen, wann wir ihn trinken und mit wem, das muß jeder von uns für sich selbst entscheiden. Die Verse, die Gotthold Ephraim Lessing zu diesem Thema verfaßt hat, klingen aber sicher für alle Weinkenner und Weinliebhaber wie ein Credo:

*Ein trunkner Dichter leerte*
*sein Glas mit jedem Zug;*
*Ihn warnte sein Gefährte:*
*Hör' auf! du hast genug.*
*Bereit vom Stuhl zu sinken,*
*Sprach der: Du bist nicht klug,*
*Zu viel kann man wohl trinken,*
*Doch nie trinkt man genug.*

# Kapitel 11

## Die Seele baumeln lassen – Lanzarote

*Wenn man an einen fremden Strand kommt,*
*ist man immer zuerst etwas verlegen.*
*Man weiß nicht recht, wohin man gehen soll,*
*wen man anbrüllen darf und vor wem man den Hut*
*zieht. Das ist Nachteil, wenn man an einen*
*fremden Strand kommt.*

(Bertold Brecht)

Lanzarote, die Vulkaninsel. Schwarz wie das Lavagestein, hier und da grüne Flecken durch Bäume und Pflanzen, weiß wie der Sand – das sind die Farben der Insel.

Lanzarote ist unser Jungbrunnen. Einfaches Leben, karge Natur und das türkisblau schimmernde Meer. Uns zieht es immer wieder dorthin, seit über zwanzig Jahren.

Zwischen der Insel und uns ist eine Liebe gewachsen.

Urlaub ist ja etwas sehr Persönliches. Wer das ganze Jahr hindurch viele Menschen um sich hat, immerzu Neues erlebt und nur selten einmal zur Ruhe kommt, sucht im Urlaub die Abgeschiedenheit. Das Leben in einer reizüberfluteten Welt braucht seinen Ausgleich. Für uns ist das Lanzarote. Am schönsten ist es außerhalb der Saison, wenn Stille sich ausbreitet und man die Seele baumeln lassen kann, wie Tucholsky das nannte. Ob wir das nicht auch in unserem Garten haben könnten, sind wir schon oft gefragt worden.

Nein, das geht nicht. Unser Garten ist auch schön, aber er ist der Alltag. Die Welt, in der wir immer leben – und in der ständig das Telefon klingelt. Abschalten, so richtig loslassen, kann man da nicht. Erst wenn wir auf Lanzarote aus dem Flugzeug steigen, fällt der Alltag von uns ab. Es tritt Ruhe ein, wir sind nur noch für uns da.

Soweit das möglich ist, lassen wir alle Gedanken an Arbeit auf dem Festland. Wenn wir Menschen treffen, sind es Freunde oder Bekannte, oder es sind Insulaner. Wir hatten das große Glück, mit dem berühmtesten Sohn Lanzarotes befreundet zu sein – mit dem über Spaniens Grenzen hinaus bekannten Cesar Manrique. Dieser begnadete Künstler und Architekt suchte die Einheit, die völlige Harmonie zwischen Natur und Kunst. Auf Lanzarote ist ihm das an verschiedenen Orten wunderbar gelungen. Er hat auch dafür gesorgt, daß auf seiner Heimatinsel keine häßlichen Hotelsilos entstanden sind. Leider ist Cesar Manrique viel zu früh gestorben und zwar genau so, wie er es vorausgesehen hatte: bei einem Verkehrsunfall.

Solange wir auf der Insel sind, nehmen wir Inselgewohnheiten an. Wir führen ein einfaches Leben ohne großen Aufwand und gesellschaftliche Verpflichtungen.

Darin sind Lore und ich uns einig wir möchten nicht im Urlaub Neues entdecken: Unser Alltag zu Hause bietet genügend Abwechslungen. Wir möchten lieber anknüpfen können, schon wissen, wo wir ankommen werden, bevor das Flugzeug gelandet ist.

An Lanzarote liebe ich besonders das Klima, die trockene Wärme und den leichten Seewind – ein leises Lüftchen, das die Wärme erträglich macht. Ich mag die grandiose Aussicht, genieße den Blick auf das Meer und dann das herrliche Gefühl, daß aller Ballast, den ich so mit mir herumtrage, im Nu von mir abfällt. In meinem Urlaub möchte ich dieses Gefühl, an einen fremden Strand zu kommen, wie es Brecht in dem Vers ausdrückt, nicht haben. Natürlich meint er es vielschichtiger. Ein „fremder" Strand – damit kann auch ein neuer Freund, eine neue Arbeit gemeint sein. Eben das Ankommen, bei dem man erst Fühlung nehmen muß, um herauszufinden, welche Regeln herrschen. Das ist aufregend und anstrengend, finde ich.

Urlaub ist das Gegengewicht zum Alltag und deshalb ist das „richtige" Urlaubsgefühl auch für fast jeden etwas anderes. Ein Mensch, der den ganzen Tag an seinem Computer sitzt, der will sich die Welt anschauen, will Neues in sich aufnehmen und nicht in erster Linie unter dem Apfelbaum dösen. Im Urlaub macht jeder das, was in seinen Arbeitstagen zu kurz kommt.

Ich will es einmal so ausdrücken: mein Apfelbaum steht auf Lanzarote.

Aber gerade hier auf der Insel beobachte ich öfter Touristen, die sich nicht schlüssig sind, was ihnen maximale Erholung verschafft. Sie sind hierher gereist, weil man eben auch einmal auf dieser Insel gewesen sein muß. Um mitreden zu können. Und sie langweilen sich, weil sie eigentlich ganz andere Bedürfnisse hätten als die nach einer relativ abgeschiedenen Insel, die man nach einer Woche kennt und dann passiert nichts mehr.

Ehepaare, die ein Jahr lang friedlich miteinander leben, fangen plötzlich im Urlaub an, miteinander zu streiten. Man kann sich schwer aus dem Weg gehen und die Unterhaltungsangebote von außen sind auf Dauer nicht so interessant.

Genauso, wie man darüber nachdenkt, wie man leben will, sollte man auch über seine Urlaubslüste ernsthaft nachdenken. Nicht nachmachen, was der Nachbar oder ein Freund schön gefunden haben, sondern sich klarwerden über die eigenen Ansprüche.

Menschen wie meine Frau Lore, die von Vulkanen fasziniert sind, lieben die wilde Landschaft und die Farbigkeit dieser Insel. Lore fühlt sich sehr von dem starren Gestein angezogen, unter dem es immer noch kocht und brodelt. Die letzten großen Vulkanausbrüche fanden allerdings zwischen 1730 und 1736 und 1824 statt.

Das Vulkanische übt auf verschiedene Menschen einen starken Einfluß aus. Es regt Körper und Seele an. Wer es nicht kennt, für den kann es auf Dauer auch zur Anstrengung werden.

Lore mag das Vulkanische besonders. Sie hat ein eigentümliches Verhältnis zu bestimmten Gegenden. Als sie das erste Mal in Pompeji war, hatte sie das Gefühl, schon einmal dagewesen zu sein, alles schon zu kennen. Irgendwie glaubt sie daran, wie es ja auch die Anthroposophen tun, daß sie schon einmal auf dieser Welt war. Ein seltsames Gefühl, das viele Menschen schon gespürt haben. Die meisten vergessen es wieder, Lore lebt damit. Ihr Hingezogensein zu dieser Vulkaninsel hat auch damit zu tun.

## WIE TREU HUNDE SEIN KÖNNEN

Winnetou trafen wir auf Lanzarote. Ein herrlicher Lanzaroteño, groß wie eine Dogge, mit einem wunderbaren Fell, braun mit einer weißen Schwanzspitze.

Wir waren das erste Mal auf der Insel. Der damalige Verwalter Eberhard Koch zeigte uns das Haus, in dem wir unseren Urlaub verbringen wollten. So ziemlich seine ersten Worte waren: „Entweder Sie kommen nie wieder auf die Insel, oder die Insel läßt Sie nie wieder los." Es stimmte. Wir fahren jetzt seit über zwanzig Jahren immer wieder nach Lanzarote. Es ist für uns der Inbegriff für Ferien überhaupt.

Eberhard Koch zeigte uns das Haus und legte Lore gleich die Kätzchen ans Herz, die zum Haus dazugehörten. Er kaufte auch für uns ein. Von Tag zu Tag mehr, denn Lore fand immer mehr Vierbeiner zu versorgen.

Eines Tages gestand unser Verwalter, daß zum Haus auch ein Hund gehöre, der nur im Moment ein bißchen scheu sei.

Bald darauf kreuzte „Winni" auf. Wir sahen eine weiße Schwanzspitze hinter der Hausecke, und irgendwann zeigte sich der ganze Hund. Es war Liebe auf den ersten Blick. Wir wollten Winni eigentlich mit zurück nach Deutschland nehmen, aber mit seinen sieben oder acht Jahren war er uns dafür zu alt. Es wäre so wie mit dem alten Baum gewesen, den man nicht mehr verpflanzen soll, weil er nicht neu wurzelt.

Wir hatten eine intensive Urlaubsbeziehung mit Winni, fünf Jahre lang. Kaum waren unsere Koffer ausgepackt, da kam er schon angelaufen und sprang vor Freude große Bögen. Wir haben ihm ein Halsband gekauft. Es bedeutet für die Hundefänger, daß der Hund einen Besitzer hat. Hunde mit Halsband werden nicht eingefangen und weggebracht. Als er älter

Hier fühle ich mich zuhause: auf Lanzarote

Cesar Manrique erklärt mir den Zauber des Vulkangesteins

Glückliche Urlaubstage in der Toskana

… bei der Arbeit (Signierstunde)

... beim Fototermin (im Lido de Paris)

Zeit haben – meistens nur im Urlaub

Bei Papst Johannes Paul II. in Rom

Gemeinsam unterwegs – was kann es Schöneres geben?

geworden war, mußte Winni auch für den Rest des Jahres untergebracht werden. Lore hat sich sehr darum bemüht. Schließlich nahmen ihn zwei deutsche Mädchen, die auf Lanzarote eine kleine Kneipe betreiben. Sie versprachen Lore, Winni auf seine letzten Tage zu beköstigen.

So oft wir auch später auf die Insel kamen, immer mußten wir zu den Mädchen, nach Winni schauen. Und jedes Mal gab es wieder ein riesiges Hallo.

Wir hatten inzwischen das Quartier gewechselt, wohnten in einem Haus ziemlich weit weg von dem vorherigen, ganz hinten am Hafen – zu Fuß ungefähr fünf bis sechs Kilometer. Unseren Besuch bei Winni hatten wir abgestattet, er wußte also, wir waren auf der Insel. Wir waren auch ein bißchen traurig. All die Jahre hatten wir die Zeit auf Lanzarote mit Winni verbracht. Und jetzt waren wir ganz alleine. Er fehlte uns.

Am nächsten Morgen wollte ich gerade zum Fenster gehen, da sehe ich diese unverwechselbare weiße Schwanzspitze vorbeilaufen. Winni! Winni hatte uns gefunden. Er war den ganzen Weg hierher getrottet, um bei uns zu sein.

Hundetreue ist etwas Einmaliges...

## WIE GROSSARTIG JUNGE FRAUEN HEUTE IHR LEBEN MEISTERN

Bei unserem letzten Lanzarote-Urlaub hatte ich ein aufschlußreiches Erlebnis. Ich saß mit Lore in einer Finca beim Wein, da kam ein junges Mädchen herein, ein sehr hübsches. Ich muß gestehen, auch als älterer Mann schaue ich gern schönen Mädchen hinterher. Lore saß dabei und hat sie auch beobachtet. Ich habe mir in Gedanken vorgestellt, aus was für einem Elternhaus diese junge Frau wohl kommen könnte – dem äußeren Anschein nach aus einem gut behüteten. Sie hatte sich allein an einen Tisch gesetzt, ihren Rucksack auf dem nächsten Stuhl abgestellt und dann ausgiebig die spanische Speisekarte studiert. Ich nahm an, daß jeden Moment ihr Freund auftauchen würde, aber sie blieb den ganzen Abend allein. Sie saß so, daß sie nicht direkt in unsere Richtung guckte, ich konnte nur ihr Profil sehen. Mich beschäftigte, was sie sein konnte – eine Gymnasiastin vielleicht, kurz vor dem Abitur? Ich schätzte sie auf achtzehn.

Und dann, nachdem sie gegessen hatte, stand sie auf einmal auf, kam zu uns herüber und bat mich ganz höflich um ein Autogramm. Das fand ich richtig rührend. Mit keinem Blick hatte sie sich zuvor anmerken lassen, daß sie mich erkannt hatte. Ich fand es goldig, daß so ein junges Mädchen an einem Schauspieler, der fast ihr Großvater sein könnte, Interesse zeigte.

Weil ich nichts dabei hatte, habe ich auf ihre Landkarte, mitten auf das blaue Meer „Herzlichst, Ihr Günter Strack" geschrieben. Und dann habe ich sie ein bißchen ausgefragt. Sie lebte in Bonn und machte hier auf Lanzarote Urlaub. Sie hatte an dem Tag eine Radtour unternommen und dabei die Finca entdeckt.

Ich habe mir die Bemerkung verkniffen, warum so ein hübsches Mädchen denn allein unterwegs sei. Ob sie nur den Ausflug ohne Begleitung gemacht hatte oder ganz und gar allein reiste? Schon möglich. Heute ist so vieles anders. Junge Mädchen sind ungeheuer selbstbewußt und unabhängig. Was hätte ich gesagt, wenn meine Tochter allein in den Urlaub gefahren wäre? Fünfzehn Jahre liegen vielleicht zwischen ihr und dem Mädchen. Aber es gefällt mir, wie selbstverständlich die jungen Frauen heute ihr Leben anpacken.

Es hat mir natürlich auch geschmeichelt, daß sich so ein junges Mädchen für mich interessiert.

## Kapitel 12

## Was wir Männer von unseren Frauen brauchen

Schöne Frauen üben immer einen Reiz auf Männer aus. Das ist die natürlichste Sache der Welt. Und auch wenn man verheiratet ist, glücklich verheiratet, schaut man gern einer Frau nach, die einem gefällt. Warum auch nicht. Das darf der eigenen Frau nicht wehtun. Es liegt in der Natur des Mannes.

Immer wieder mal entstehen erotische Spannungen zu Frauen, auch in der Arbeit auf der Bühne und vor einer Kamera, wo man sich mitunter sehr nahe kommen muß. Manchmal wird daraus ein Flirt. Das ist das Leben. Man muß nur wissen, wieweit man gehen darf.

Natürlich habe ich mir öfter schon mal die Frage gestellt, wie ich mich verhalten würde, wenn meine Frau einmal untreu wäre. Und dann habe ich überlegt, was Untreue eigentlich ist. Woher nehmen wir das Recht, den anderen ganz zu vereinnahmen?

Nein, es würde mir nicht gefallen, wenn ich das von meiner Frau erführe. Aber es wäre für mich kein Grund, unsere Ehe in Frage zu stellen. Wir haben nur eine begrenzte Lebens-

Zum Geburtstag – ein Zeichen der Liebe

zeit, mit der sollten wir sorgfältig umgehen. Uns nicht gegenseitig das Leben schwer machen mit Eifersucht und Vorwürfen. Ich weiß, das ist alles leichter gesagt als getan. Aber man kann sich wenigstens vornehmen, tolerant zu sein – den anderen erst einmal anhören, nicht gleich davonrennen. Eigentlich verpflichtet eine Ehe auch dazu. Bis daß der Tod euch scheidet, heißt es vor dem Altar, auch wenn man in diesem Moment gar nicht übersehen kann, was alles im Leben noch passiert, auf welche Proben eine Ehe im Laufe der Zeit gestellt wird – durch beide Partner.

Ich finde es würdevoller, Probleme zu bewältigen, auch wenn der Krach noch so groß ist.

Die Erfahrung besagt, daß Männer leichter zu verführen sind als Frauen. Wenn Frauen sich auf einen anderen Mann einlassen, ist das eine ernstere Sache. Aber vielleicht ist das auch von Fall zu Fall verschieden.

Eine kluge Frau kann viel dazu tun, daß ihr der Mann treu bleibt. Männer brauchen in ihrer Partnerschaft das Gefühl, der Größte, der Schönste, der Wichtigste zu sein. Etwas, das besonders junge Mütter leicht übersehen, wenn sie ganz in ihren Kindern aufgehen und ihre Rolle als Frau und Geliebte vergessen.

Vielleicht sind Männer besonders empfindsam, sie brauchen den Zuspruch ihrer Frauen und werden auch nicht so gern in Frage gestellt. Nur die typischen Machos brauchen das nicht, aber die sind sowieso in ihrer Charakterentwicklung zurückgeblieben.

Ich kann Streit verdrängen, auch Streit in meinem sehr persönlichen Bereich. Mit meiner Frau zum Beispiel. Vielleicht nicht ganz vergessen, aber ad acta legen. Meine Frau ärgert sich darüber sehr. Sie ist der Meinung, man muß über jedes Problem ausführlich reden.

Aber zu viel reden darf man eben auch nicht, sonst wird eine Sache auch leicht zer-redet. Ich kenne einen berühmten Kollegen, der immer alles analysiert. Er hat analysiert und analysiert und letzendlich alle seine Beziehungen damit kaputtgemacht.

In der Auffassung, wie man Streit oder Probleme bewältigt, unterscheiden sich Frauen und Männer sehr. Darüber sind schon viele Bücher geschrieben worden, die auch nicht helfen, wenn zwei sich nicht einigen können. Auf der anderen Seite sind solche Gegensätze ja auch sehr reizvoll. Eigentlich besteht die Schwierigkeit darin, genau den Partner zu finden, mit dessen Auffassungen, Fehlern und Marotten man leben kann.

Wir beide, die Lore und ich, wir hatten Glück miteinander.

Wir haben es immer geschafft, miteinander auszukommen, gut miteinander zu leben, in jeder Hinsicht. Und wir haben uns nach jedem Krach wieder versöhnt.

## Ein edler Mann wird durch ein gutes Wort der Frauen weit geführt

(Goethe)

Lore:

*Wenn ich mal rückwärts in unsere eigene Geschichte schaue – wir sind ja mittlerweile siebenunddreißig Jahre verheiratet – und dabei auch das Leben unserer Freunde und Bekannten betrachte, dann stelle ich fest, daß eine Ehe nur gutgehen kann, wenn einer sich nach dem anderen richtet, wenn einer zum Beispiel dem anderen beruflich den Vorrang läßt. Ich weiß, das ist heute nicht mehr sehr zeitgemäß. Die Gleichberechtigung der Frau ist eine große Errungenschaft, sie schließt gleiche berufliche Chancen ein. Das eine ist aber, was ganz allgemein richtig ist und das andere ist meine ganz persönliche Entscheidung.*

*Angenommen, ich hätte auch einen Beruf ausüben wollen (nein, Schauspielerin wäre ich sicher nicht geworden), das wäre doch überhaupt nicht gegangen. Ich hätte meinem Ehrgeiz nachlaufen müssen, wie jeder, der beruflich etwas erreichen will. Unser Leben wäre ganz anders verlaufen. Vielleicht hätten wir unsere Kinder dann nicht bekommen. Vielleicht hätte unsere Ehe nicht gehalten.*

*Für mich stand fest: Günter geht in die Welt, und ich halte ihm den Rücken frei.*

*Eine Entscheidung, die leichter gesagt als getan ist. Solch ein Leben kostet ungeheuer viel Kraft. Für den anderen da sein bedeutet ja auch, daß man dem Partner Ängste nehmen kann, daß man ihn immer wieder ermutigt, ihn aufbaut, ihm über Krisen hinweghilft. Ängste und Krisen sind im Schauspielerberuf häufig zu Gast.*

*Es ist nicht so einfach, immer in zweiter Reihe zu stehen und zu hoffen, daß der Glanz aus der ersten Reihe ein wenig herüberstrahlt. Das erfordert sehr viel innere Kraft. Ich habe das, glaube ich, gut gemeistert.*

*Bei aller Verschiedenheit unserer Aufgaben konnten wir es dennoch einrichten, viel gemeinsam zu erleben. Das ist eine wesentliche Grundlage. Und wir waren uns immer einig. Nicht immer sofort. Aber doch schnell genug, um nicht längere Zeit im Streit zu leben. Eine gute Ehe basiert auf Vertrauen und Achtung. Wie heißt es so schön: Vertrauen und Achtung, das sind die Grundpfeiler der Liebe. Ohne Achtung hat die Liebe keinen Wert und ohne Vertrauen gibt es keine Freude.*

Lore hat großen Anteil an meiner Arbeit. Alle Rollen, die ich gespielt habe, hat Lore auch gelesen. Allein im Fernsehen waren es bislang über vierhundert Rollen. Daneben die vielen Drehbücher und Theaterstücke, die Szenarien. Bis heute hört sie meine Texte ab. Sie ist mit meiner Arbeit absolut vertraut.

Ich frage sie oft nach ihrer Meinung. Meist treffen sich unsere Ansichten und wir finden einen gemeinsamen Weg für eine bestimmte Geschichte. Aber natürlich nicht immer. Trotzdem ist es für mich wichtig zu wissen, wie Lore über etwas denkt.

Manchmal hat sie mir von einer Rolle abgeraten und ich

Meine beste Kritikerin: mit Lore beim Textabhören

habe sie dennoch gespielt.

Letztendlich behielt sie recht, und ich hörte den sicher allen Eheleuten bekannten Satz: Siehst du, ich hab's dir ja gleich gesagt...

Im richtigen Moment hat Lore mir immer beigestanden. Das war am Anfang der Karriere besonders wichtig. Sie wußte immer, was gut für mich war; wann ich zuviel gearbeitet hatte, wann es Zeit war, ein bestimmtes Engagement nicht zu verlängern oder, wie bei dem Hitchcock-Film, wann ich Mut zeigen mußte, ein Risiko einzugehen. Lore hat mich stark gemacht.

Während meines Engagements in Hannover war ich einmal total überarbeitet. Da hat Lore es fertiggebracht, mir mit Hilfe eines Attests Urlaub zu verschaffen. Ich hatte meinen Intendanten mehrfach darum gebeten oder wenigstens um

Entlastung, aber er sah nur den Erfolg, das volle Haus. Ich wußte mir keinen Rat mehr. Jeden Abend stand ich auf der Bühne, jeweils in einer anderen Hauptrolle – und am Wochenende dann die Doppelvorstellungen, nachmittags und abends. Das hält niemand auf die Dauer aus. Dazu kam das Textlernen vor den Premieren. Unsere Kinder sind mir schon hinterhergelaufen und haben mitgesprochen. Die kleinen Wesen konnten ja nicht ahnen, wie mich das zusätzlich genervt hat. Es war die Hölle, auch zu Hause.

In solchen Situationen schreitet Lore zur Tat. Sie fragt nicht mehr, sie handelt – aus der richtigen Einschätzung heraus, daß es so nicht weitergehen kann. Solche Situationen gibt es in jeder Familie immer wieder einmal.

Lore hatte die Kinder schon vorher zu ihrer Mutter geschafft und das Attest besorgt – unser Landarzt bestätigte meine totale Erschöpfung. Sie hat unsere Vogelkäfige eingepackt, andere Tiere als Vögel durften wir im Haus in Hannover nicht halten, und wir sind abgedampft nach Münchsteinach, in das Haus, in dem wir heute wohnen, zu Lores Mutter.

Dieses Haus hatten mein Schwiegervater und ich zusammen gekauft. Sein Standpunkt war: Schauspieler sind ein fahrendes Volk. Sie brauchen irgendwo ein Nest, in das sie immer wieder zurückkehren können. Sie brauchen das Gefühl, an einem festen Ort wirklich zu Hause zu sein. Sie brauchen es für sich und für ihre Familie.

Diese sechs Wochen in Münchsteinach gehören zu den glücklichsten und unbeschwertesten unseres Lebens. Es war Winter. Wir gingen mit den Kindern spazieren, haben lange geschlafen und nur das gemacht, was uns gefiel. Solche Wochen gab es nicht so oft in unseren siebenunddreißig gemeinsamen Jahren. Ich habe mich wunderbar erholt in dieser Zeit.

Ich möchte nicht wissen, was geworden wäre, wenn Lore nicht so entschlußkräftig gehandelt hätte. Sie ist genau die Partnerin, die ich immer gebraucht habe und brauche, weil sie gegen meine Zögerlichkeit Aktivität setzt, weil sie fast immer den richtigen Moment für etwas erkennt und beinahe übersinnliche Fähigkeiten hat, wenn es um unsere Familie und um unsere Ehe geht.

## Man soll die Sonne nicht über seinem Zorn untergehen lassen

Diesen alten Bibelspruch habe ich von meiner Mutter gelernt. Es steckt viel Weisheit darin.

Lore und ich sind sehr temperamentvolle Menschen. Vielleicht ist es uns auch deshalb in den vielen Jahren, die wir verheiratet sind, nie langweilig geworden. Wir können miteinander streiten. Wir können das heute noch. Das schlimmste in einer Ehe ist wohl, wenn die Partner nicht mehr miteinander sprechen, nichts mehr klären wollen.

Natürlich setzt ein Streit gegenseitige Achtung voraus. Man muß wissen, wieweit man mit seinem Ehepartner gehen darf. Den anderen zu achten, ist die Grundlage einer Ehe – oder für ein eheähnliches Zusammenleben, viele junge Leute wollen ja nicht mehr heiraten.

Ich denke, mit der Eheschließung übernehmen zwei Liebende eine besondere Verantwortung füreinander und erst recht, wenn Kinder kommen. Es kann nicht gut sein, wenn man sich dieser Verantwortung entzieht, sobald es problematisch wird. Wieviel Leid wird über die Kinder gebracht, wenn sie den Vater (meist ist es ja der Vater), nur noch nach der Stoppuhr sehen dürfen. Sicher kann es passieren, daß eine Beziehung zwischen zwei Menschen total zerrüttet ist, aber Eltern bleiben sie doch beide, ein Leben lang – und zumindest in dieser Eigenschaft als Vater und Mutter sollten sich geschiedene Paare akzeptieren.

Damit es möglichst nicht zu dieser leidvollen Entwicklung kommt, sollten Eheleute lernen, Konflikte auszutragen. Falsche Harmonie ist nichts Gutes. In einer Ehe dürfen auch schon mal die Fetzen fliegen, aber die Achtung vor dem anderen muß immer drinstecken.

Wir beiden temperamentvollen Menschen haben stets versucht, auch den größten Krach noch vor der Nacht aus der Welt zu schaffen. Wenn ein Familienzwist lange anhält, verhärten sich die Fronten. Es wird immer schwerer, wieder aufeinander zuzugehen.

Wenn ich vielleicht zu vorsichtig bin, dann ist Lore zu direkt. Meine Frau nimmt selten ein Blatt vor den Mund. Ihre Ehrlichkeit verblüfft andere Leute meist, aber kaum jemand nimmt sie ihr übel.

Ich muß gestehen, daß ich unangenehmen Diskussionen mit ihr ganz gern ausweiche, vor allem, wenn ich schon von vornherein das Gefühl habe, daß sie im Recht ist. Weil wir beide das wissen, setzen wir uns dann ins Auto und fahren ein Stück über Land. Im Auto haben wir schon viele dringende Angelegenheiten besprochen. Die unausweichliche Nähe hat schon oft dazu beigetragen, ein Familienproblem oder ein Problem zwischen uns beiden zu klären.

Man sollte bei dieser Art der Problemdiskussion allerdings darauf achten, daß der ruhigere der beiden Streithähne am

Lenkrad sitzt.

Wir haben auch bei unseren Kindern immer Wert darauf gelegt, Streitigkeiten am selben Tag beizulegen – bevor sie ins Bett gingen. Wenn Eltern längere Zeit nicht mit ihren Kindern sprechen, weil die irgend etwas ausgefressen haben, belastet das eine Kinderseele sehr. Kinder haben unruhige Träume, wenn sie unversöhnt schlafen gehen müssen. Das sollte man ihnen nicht antun.

## Nur gute Freunde können gut streiten

Viele Freundschaften gehen kaputt, weil zu lange mit einer Aussprache gewartet wird.

Auch Freunde sollten streiten dürfen; Schönwetterfreundschaften brechen ohnehin beim ersten Test auseinander. Was sind sie also wert? Bei einem Streit unter echten Freunden sollte man den Mut haben, die Probleme zu klären – und das ganz schnell.

Es ist nicht schön, alte Freunde zu verlieren. Mit langjährigen Freunden verbindet einen die gemeinsam verbrachte Vergangenheit. Nur mit ihnen kann man über diese Vergangenheit auch reden. So etwas ist unwiederbringlich.

# Kapitel 13

## Das liebe Geld

*Geld ist wichtig, aber die Gesundheit ist wichtiger.*
*Geld macht ja auch nicht glücklich,*
*aber es beruhigt, wie es schon so richtig*
*im Volksmund heißt.*

Ich halte mich für großzügig in großen Dingen; in kleinen manchmal für kleinlich. Ich bin ein Spontankäufer. Wir bummeln durch die Stadt – am ehesten in der Urlaubszeit oder während einer Kur – und ich schenke meiner Frau mal etwas Größeres, wenn ihr was gefällt. Lore sagt, ich hätte dann die Spendierhosen an.

Wenn ich kein Geld habe, geht es mir nicht gut, da werde ich ausgesprochen geizig, um schnell wieder aus der Not herauszukommen. Solche Situationen gab es zum Glück nur zweimal, solange ich denken kann. Wir haben sie, meine ich, gut gemeistert. Das eine Mal war bald nach unserer Hochzeit. Da haben wir uns natürlich auch eine Hochzeitsreise geleistet.

Ein glückliches Paar – unser Hochzeitsfoto

Wir waren in St. Moritz und haben eine Menge Geld ausgegeben.

Ein halbes Jahr später ging ich nach Hannover ins Engagement, und da war alles neu einzurichten. Für einen Kühlschrank reichte das Geld dann nicht mehr. Ich dachte praktisch. Es war Anfang September, der Winter stand vor der Tür und wir hatten einen Balkon... Die junge Ehefrau konnte sich aber ihren ersten eigenen Haushalt nicht ohne Kühlschrank vorstellen; und wie die Frauen so sind, sie hat sich durchgesetzt. Da ich die 500 Mark nicht hatte, kauften wir den Kühlschrank auf Raten – unser erster und einziger Ratenkauf!

Mir hat das Schuldenmachen noch nie behagt, weder im kleinen noch im großen. Ich sehe darin auch eine große Gefahr, gerade für junge Leute. Sie fangen ja erst mit dem

Geldverdienen an und wollen sich trotzdem schon alles leisten können. Wie leicht verliert man da den Überblick und übernimmt sich – arbeitet schließlich nur noch dafür, von seinem Schuldenberg herunterzukommen. Die Banken fördern das noch, klar, sie verdienen ja an den Zinsen. Kürzlich stand wieder zu lesen, daß über eineinhalb Millionen Haushalte in Deutschland zahlungsunfähig sind! Wieviel persönliches Elend hinter einer solchen Zahl steht!

*„Was du ererbt von deinen Vätern hast,*
*erwirb es, um es zu besitzen."*
(Goethe)

Auch wenn man Geld hat, sollte man seine Prinzipien bewahren. Mit Kindern zum Beispiel darf man nicht zu großzügig sein, die muß man kurz halten. Unsere Kinder können nicht erwarten, daß wir ihnen alles geben. Sie bekommen sowieso das, was übrigbleibt.

Wir reden zum Beispiel schon ein Weilchen darüber, ob wir uns auf Lanzarote ein Haus kaufen. Ich habe den Kindern angeboten, daß wir das tun, wenn sie sich finanziell beteiligen. Für uns beide allein würde sich ein Haus nicht lohnen und die Kinder kommen uns im Urlaub bislang immer besuchen.

Mein Schwiegervater hat das mit Lore und mir damals auch so gemacht. Und das ist richtig so. Natürlich brauchen die Kinder nicht die Hälfte zu bezahlen, aber die eigene Beteiligung fördert das Interesse und auch das Verantwortungsgefühl.

Die Alten sind nicht dazu da, nur Geld herüberzureichen. Es war schwer genug, es zu verdienen.

## GENERATIONSERFAHRUNGEN

Fürs Alter braucht man Sicherheit. Meine Generation hat noch die Erfahrungen des Krieges und der schweren Zeit danach gemacht. Sie haben Spuren hinterlassen. Vielleicht sind wir vorsichtiger im Umgang mit Geld, weil wir so oft sparen mußten, weil ein bißchen mehr als das Notwendige die Ausnahme und nicht die Regel war. Vielleicht können wir uns deshalb so schwer trennen von den Dingen, die wir angeschafft haben. Und wohl auch deshalb können wir uns mit der Wegwerfgesellschaft so schwer anfreunden.

## DAS ERSTE PAAR SCHUHE

Mein erstes Geld verdiente ich in der Zeit der Währungsreform. Ich war noch auf der Schauspielschule, habe aber nebenbei stets kleine Rollen gespielt, am Staatstheater in Stuttgart auch die Hauptrolle in einem Weihnachtsmärchen.

Von meiner ersten Gage habe ich mir ein Paar Schuhe gekauft. Das war etwas ganz besonderes. Vor der Währungsreform hatte es Schuhe nur auf Bezugsschein gegeben, höchstens ein Paar pro Jahr. Deshalb waren diese Schuhe auch so wichtig für mich. Ich hätte sie allen Leuten zeigen mögen, guckt mal, was ich habe. Neue Schuhe! Ich könnte sie heute noch zeichnen, sie hatten eine große Spange an der Seite. Solche Anschaffungen vergißt man nicht.

„Man soll sein Herz nicht an die Güter hängen", rät uns Friedrich Schiller in seiner *Braut von Messina*. Man soll es nicht übertreiben, das ist richtig.

Ich für meinen Teil gehöre allerdings nicht zu den Menschen, die, wie man so schön sagt, mit leichtem Gepäck durchs Leben reisen, deren Sachen alle in einem Koffer Platz haben. Ein schönes Heim war mir schon immer wichtig. Und dafür mußte man sein Geld zusammenhalten. Die Franzosen legen nicht soviel Wert auf ein Haus, sie leben ja viel mehr nach außen, in Cafés und Restaurants. Wir Deutschen legen mehr Wert auf Besitz. Komfort ist uns ein Bedürfnis, wobei das, was früher Luxus war, heute in der Regel zu den Gebrauchsgegenständen gehört.

Als ich jung war, hatte ich ein ganz einfaches Paar Skier. Ich mußte sie abgeben, als während des Krieges für die Soldaten in Rußland gesammelt wurde. Ich besaß als Junge keine Schlittschuhe; auch Tennisspielen habe ich nie gelernt.

Heute sind das alles selbstverständliche Dinge, und man soll sie seinen Kindern ja nicht vorenthalten, wenn man sie sich leisten kann.

## Bei Geldsachen hört die Gemütlichkeit auf

Ein Geschäftsmann bin ich nicht. Wenn ein Freund in Not ist, dann leihe ich ihm Geld. Ohne Zinsen, das finde ich selbstverständlich. Aber das ist kein Thema; man muß Gutes tun können, ohne darüber zu reden. Das ist mit Spenden ebenso.

Andererseits ist Geld ein sensibles Thema. Das liebe Geld spielt in unserem Leben eine so gewichtige Rolle. Gerade mit diesem Thema kann man Leute heutzutage sehr leicht verleumden. Darum will ich gern die Geschichte erzählen, wie es Journalisten gelungen ist, mich ganz unrühmlich in die Schlagzeilen zu bringen. Schließlich kann das jedem passieren.

# KAPITEL 14

## DIE TAGE, DIE UNS NICHT GEFALLEN

### VERLEUMDUNGEN

Eine Reihe unserer Zeitungen lebt bekanntlich von Skandalen und Sensationen. Da solche brisanten Ereignisse aber leider nicht auf Bestellung zu haben sind, wird in den Klatsch-Redaktionen notfalls auch mal was erfunden oder völlig verbogen: dann wird an einer Geschichte einfach solange rumgestrickt, bis daraus eben eine Sensation geworden ist! Schnell finden sich ein paar Leute, deren Aussagen gut ins Bild passen – oder auch passend gemacht werden –, und fertig ist die Verleumdung.

Der Arme, den es betrifft, wird natürlich als letzter gefragt. Wenn überhaupt! Der bekommt, so ist es mir ergangen, eine Zeitung in die Hand gedrückt und erfährt seine eigene Geschichte – aber so böse verfälscht, daß an allen Familientischen zum Abendbrot Empörung gegen ihn aufflammen muß.

Da wird plötzlich aus einem freundlichen Menschen ein Wolf im Schafspelz gemacht und der Skandal, der die Auflage der Zeitung so wunderbar in die Höhe treibt, ist perfekt. Dem verleumdeten Opfer bleibt am Ende die vage Chance einer Gegendarstellung, aber da ist das Porzellan dann schon zerschlagen; schließlich weiß der Volksmund, daß „da immer etwas Wahres dran ist..."

Wenn's denn so wäre!

## DER STEIN DES ANSTOSSES

Das Haus, in dem wir in Münchsteinach leben, haben mein Schwiegervater und ich 1963 gekauft. Bevor wir nach seinem Tode endgültig nach Münchsteinach umgezogen sind, wollten wir das Haus im Jahre 1990 umbauen und renovieren.

Umbauten konnte man zu dieser Zeit noch pauschal von der Steuer absetzen, aber das wurde vom Finanzamt überprüft. Zu diesem Zweck fand eine Objekt-Begehung statt. Auch zu uns kamen zwei Herren vom Finanzamt und sahen sich das renovierungsbedürftige Haus an.

Wir haben sogar noch ein bißchen gescherzt: ich zeigte ihnen unsere Räume mit der Bemerkung, daß das Finanzamt sicher wissen wolle, wie ein berühmter Fernsehstar lebt und daß es wahrscheinlich schönere Schlafzimmer gäbe als unseres.

Schließlich bekamen wir es schriftlich: der Umbau war als Modernisierungsmaßnahme genehmigt.

## EIN HAUS STÜRZT EIN

Wir fingen an zu bauen, und alles wurde sowieso teurer als geplant – wie das halt so ist. Der Architekt hatte dann noch die großartige Idee, die Kellerdecken ein wenig anzuheben. Er wollte die niedrigen Kellerräume, in denen auch unsere Sauna war, freundlicher und begehbarer machen.

Dazu muß man ein Haus „unterfangen". Viele Bauern hier in der Gegend machen das mit ihren Häusern. Erst wird die linke Seite ausgeschachtet, dann die rechte, am Ende hat man schöne hohe Kellerräume.

So war das auch bei uns geplant, aber die ausführende Baufirma hat das ganze Haus in einem Zug unterfangen. Erst als es schon zu spät war, haben sie festgestellt, daß aus einer naheliegenden Quelle Wasser in den Keller lief, obwohl ich auf diese Quelle schon vor dem Bau hingewiesen hatte.

Ich stand in Wiesbaden vor der Kamera, als mich die Schreckensbotschaft erreichte: Eine Seite unseres Hauses sei eingestürzt.

Meine Tochter hatte mir das vorsichtig beigebracht. Ich fuhr sofort zurück nach Münchsteinach. Als ich sah, was von unserem Haus noch übrig war, bekam ich einen Schock. Es war ein Alptraum! Ich stand wohl zwei Stunden im Garten vor der Ruine und dachte immer nur: das ist das Ende.

Natürlich hätte ich das Bauunternehmen verklagen können, es hatte die Verantwortung für den Bau. Das Quellwasser war in das frisch unterfangene Fundament gelaufen. Eine Pumpe sollte das Ganze retten, aber genau diese Pumpe war am Wochenende unbemerkt ausgefallen. Das Neugebaute wurde unterspült, es kam zu einem Erdbruch. Das Ergebnis war die Ruine, vor der ich nun fassungslos stand.

Kurze Zeit habe ich mich mit dem Gedanken an eine Klage vor Gericht getragen, aber mein Anwalt riet mir davon ab, sicher zu recht. So ein Verfahren zieht sich über Jahre hin. Die deutschen Gerichte sind hoffnungslos überlastet, werden der

Flut von Klagen ja gar nicht mehr Herr. Wir wären in einer langen Prozeßzeit immer wieder mit dem Konflikt konfrontiert worden, und ob wir uns hätten durchsetzen können, war auch nicht klar. Die ganze Geschichte hatte uns ohnehin schon zuviel Lebenszeit und Kraft gekostet.

Sicher war es richtig, einen Schlußstrich zu ziehen und sich mit dieser Niederlage abzufinden, um endlich wieder an andere Dinge denken zu können. Mit dem Bauunternehmer einigten wir uns außergerichtlich. Er verzichtete auf einen Teil seiner Rechnung.

Aber Tatsache war: aus dem Modernisierungsobjekt mußte nun eine grundsätzliche Sanierung werden. Und als alles fertig war, kam das Finanzamt und erklärte das Haus zum Neubau, „rein finanztechnisch gesehen, natürlich".

Das bedeutete, daß ich auf einen Schlag eine halbe Million Mark an Steuern zusätzlich bezahlen mußte; dazu kam noch mein Anteil an den Mehrkosten, die durch den Einsturz entstanden waren.

Soweit die Vorgeschichte.

## Die Kirchensteuer-Kappung

Jetzt meldete sich zu allem Überfluß noch das Kirchensteueramt und verlangte den ihm zustehenden Prozentsatz von der Steuer – insgesamt dreiundsiebzigtausend Mark.

Das ging mir nun doch zu weit. Viele Bekannte meinten, ich könne mir für dieses Geld ja schon einen eigenen Pfarrer leisten. Eher würden sie aus der Kirche austreten, als daß sie diese Summe für den „finanztechnischen Neubau" bezahlten, der ja nichts weiter als unser wiederaufgebautes Haus war.

Aber ich hätte sicher auch das noch bezahlt, wenn mein Steuerberater mich nicht aufgeklärt hätte, daß man um Kappung bitten kann. Eines Tages hatte ich es dann schriftlich. Der Betrag der Kirchensteuer war um 20 000 Mark gekappt worden.

Zu Heinz Rühmanns neunzigstem Geburtstag war ich mit Lore in München, und nach dem offiziellen Teil der Feier saßen wir noch im „Hotel Vier Jahreszeiten" und feierten mit Rühmann und der Familie Kohl, Frau Kohl hatte am selben Tag Geburtstag. Dieter Stolte war noch dabei und Hans-Dietrich

Genscher, wir wohnten alle in diesem Hotel. Und Gorbatschow, der damals das erste Mal in München war.

Als ich am nächsten Morgen zum Frühstück ging, hoffte ich, Gorbatschow zu begegnen. Ich traf ihn nicht, statt dessen bekam ich an der Rezeption die „Münchner Abendzeitung" in die Hand gedrückt. In dicken roten Lettern stand da, gleich auf der ersten Seite: *Pfarrer Kempfert zahlt keine Kirchensteuer*. Da stand nicht: Günter Strack, sondern: Pfarrer Kempfert. Und dann wurde aus dem Brief, den mein Steuerberater an das Kirchensteueramt geschrieben hatte, wörtlich zitiert! Eine elende Schweinerei ist das. Rufmord. Irgendein Beamter oder eine Sekretärin ist sicher gut dafür bezahlt worden. Hat den Brief an die „Abendzeitung" verkauft. Später hat das ZDF das auch noch übernommen. Das ist allerdings noch ein anderes Kapitel.

Jedenfalls habe ich die Geschichte einem Zeitungsmann erzählt, mit dem ich befreundet bin. Seiner Ansicht nach wird in München alles verkauft oder gekauft, was sich vermarkten läßt. Alles. Ohne Rücksicht auf das Privatleben der Betroffenen.

Nicht zu fassen!

So kommen die Geschichten zustande. Die Zeitungen bezahlen ein Heidengeld für bestimmte Informationen, die die Sensationslust ihrer Leserschaft stillen sollen.

Ich wurde also in Verruf gebracht. Diese schlimme Geschichte verfolgt mich heute noch. Als kürzlich unser zweites Enkelkind, Paul, getauft werden sollte, wünschte sich meine Tochter, daß unser alter Pfarrer, der schon in Ruhestand ist, die Zeremonie halten sollte.

Der kam, nahm mich zur Seite und sagte mir, daß der Chefredakteur des „Rothenburger Blattes" unbedingt ein Interview haben wollte, jetzt, nach meinem Papstbesuch. Ich hätte es gern gemacht, aber ich wußte nicht, wann. Ich hatte einfach keine Zeit. Da hat er sich hinter meine Frau gesteckt, sie sollte mich überzeugen. Es sei doch wichtig, weil ich so in Verruf geraten sei...

Lore hat ihm dann die Geschichte erzählt, wie sie sich wirklich zugetragen hat. Das hat er dann auch so weitergegeben. Aber das andere, die Verleumdung, hat mehr Wirkung gehabt.

Es ging ja auch noch weiter. Das ZDF-Magazin *Frontal* war sich nicht zu fein, die Kirchensteuer-Story nach einiger Zeit noch einmal aufzuwärmen. Sie fanden auch Leute, die sie bestätigten.

Eine evangelische Schwester wurde ganz einseitig befragt, sie wußte ganz offensichtlich nicht, worum es im einzelnen ging. Sie leitete einen Kindergarten für behinderte Kinder, der dringend Geld brauchte und dieser Strack, dieser geizige Strack, hatte es der Kirche vorenthalten. So kam es in der Sendung heraus. Dazu wurden kurze Spielszenen aus der ZDF-Serie *Mit Leib und Seele* eingespielt und dann ging es wieder um das „wirkliche", das „unmoralische" Leben des Günter Strack. Der moralinsaure Kommentar eines bekannten Kirchenjournalisten rundete den Magazinbeitrag ab. Der Tenor: die Armen werden von der Kirche zur Kasse gezwungen, die Wohlhabenderen drücken sich und werden entlastet.

Die Gemeinheiten solcher Darstellungen finden zwischen den Zeilen statt.

Sehr loyal hat sich die Hamburger Bischöfin Maria Jepsen verhalten, sie hat die Kirchensteuer-Kappung als legitimes Mittel verteidigt. Johannes Rau, ein engagierter Mann der evangelischen Kirche, hat mir später gesagt, daß diese üble Nachrede wegen der Kappung seiner Meinung nach eine

Schande für die Presse sei.

Die *Frontal*-Geschichte ereilte uns während der Kur.

Ich verlangte eine Richtigstellung. Die wurde mir zugesichert, aber in der folgenden Sendung gaben die Moderatoren nur einen süffisanten Kommentar zu meinem Einspruch ab. Eine böse Häme.

Ich wußte ja bereits, daß man als Prominenter keine Chance hat, sich gegen solche Verleumdungen zu wehren, aber der *Frontal*-Beitrag setzte dem ganzen wirklich die Krone auf.

Da muß man sich auch nicht wundern, wenn keiner mehr in eine Talkshow will. Mein Kollege Günther Pfitzmann hat schon recht, wenn er sagt: „Ich gehe zu keiner Talkshow. Was machen die da mit mir? Die wollen mich eh nur auseinandernehmen. Bekannter als ich bin, kann ich nicht werden, also kann ich nur verlieren."

## WENN GELD VOR MORAL KOMMT, ODER: WIE ICH EINMAL FAST MEINE FRAU VERLOR

Wir sind es gewöhnt, mit Haustieren umzugehen. Uns ist die Natur wichtig in ihrer Eigenständigkeit und Schönheit, wir genießen sie. Da aber, wo der Mensch unwissend ist, blind für ihre Gefahren, kann die Natur, können Tiere lebensgefährlich werden.

Als wir die letzte Folge der *Drombuschs* auf Mauritius drehten, war Lore mitgereist. Wir wohnten im feinsten Hotel am Platz, im Hotel „Royal Palm". Dort haben schon berühmte Königsfamilien logiert und wer sonst das nötige Kleingeld dafür hat. Das *Drombusch*-Team durfte auch dort wohnen.

Es war furchtbar heiß, und wir mußten uns erst an das Klima gewöhnen. Gleich am ersten Tag gingen Witta Pohl, Lore und ich ins Meer schwimmen, abends in der Dämmerung. Das Wasser war herrlich warm, unsere Stimmung bestens.

Plötzlich schrie Lore auf, sie sei von einem Tier gestochen worden. Wir untersuchten den Fuß, konnten aber keinen Einstich oder ähnliches entdecken. Witta und ich gingen wieder ins Wasser, aber Lore fühlte sich nicht gut, sie wollte zurück ins Hotel.

Nach einer Weile war ich doch beunruhigt und folgte ihr. Ich fand sie in unserem Zimmer. Sie hatte schon Fieber und Schüttelfrost, ihr Herz raste.

Als ich an der Rezeption erzählte, was geschehen war, sahen sich die Hotelbediensteten sehr merkwürdig an. Auch der herbeigerufene Arzt kam für dortige Verhältnisse ungewöhnlich schnell.

Lores Fuß war unterdessen angeschwollen und hatte sich ganz leicht lila verfärbt.

Der einheimische Doktor wußte auf den ersten Blick Bescheid. Lore war vom einem *stone-fish*, einem Steinfisch, verletzt worden.

Der Steinfisch wird vierzig bis sechzig Zentimeter groß und sieht ein bißchen aus wie eine Kröte. Er ist grau, eben wie ein Stein. Er hält sich im seichten Wasser auf, liegt im Sand, wo er mit den Stacheln auf der Rückenflosse seine Beute fängt. Seine Stacheln sind wie Nadeln. Mit ihnen verspritzt er ein Gift, das bei seinem Opfer zur Herzlähmung führt. Menschen sterben nach wenigen Stunden daran, wenn sie nicht innerhalb kürzester Zeit ein Gegengift bekommen.

Das Serum mußte also ganz schnell besorgt werden. Während diese Aktion anlief, operierte der Arzt schon an Ort und Stelle, jede Minute war kostbar. Er schaffte Blutabflüsse

Der lebensgefährliche stone-fish

am Fuß und massierte das Bein vom Knie abwärts, um das Blut herauszudrücken. Ich hielt Lore dabei fest, denn das Ganze war natürlich sehr schmerzhaft. Am Fußende des Bettes stand Witta Pohl und fing das Blut in einer Schüssel auf. Es war ganz schwarz.

Dann traf das Serum ein, und der Arzt spritzte Lore das Gegenmittel. Jetzt hieß es warten.

In der Nacht begannen die Blutungen am Fuß so stark, daß das ganze Bett davon durchweicht war. Das war Lores Glück. Der Körper hatte sich selbst geholfen und das vergiftete Blut abgestoßen. Sie hatte fest geschlafen und die Blutungen gar nicht bemerkt.

Der Arzt war völlig außer sich vor Freude, als Lore ihm am nächsten Morgen schon wieder entgegenhumpelte. Er hatte Schlimmes befürchtet.

Erst wenn so etwas passiert ist, erfährt man, daß sich solche Unfälle immer wieder einmal ereignen. Sie können mit einer Amputation enden oder mit dem schnellen Tod.

Warum ich diese Geschichte erzähle?

In keinem Reiseprospekt steht etwas über solche Gefahren. In keinem Film über Mauritius werden Touristen vor diesem Fisch gewarnt. In diesem Teil des Indischen Ozeans gibt es auch eine giftige Wasserschlange. Ihr Biß ist in jedem Fall tödlich, denn es gibt kein Gegengift. Eine Bekannte von uns ist einer solchen Schlange einmal hinterhergetaucht – ihrem eigenen Tod hinterher, ohne es zu ahnen.

Wenige Wochen nach unserem Aufenthalt auf der Insel wurde ein britischer Segler von einem stone-fish verletzt. Er hat sich nicht gleich behandeln lassen, weil er es nicht besser wußte. Stunden später war er tot.

Manche Hotels lassen in aller Herrgottsfrühe ihre Badestrände nach diesem lebensgefährlichen „Stein“ absuchen – bevor die Gäste auf sind und eventuell mitbekommen, welche Gefahr im Wasser lauert. Das Geschäft geht schließlich vor.

Die Filmcrew durfte nur noch im Pool baden. Lore war sehr tapfer, sie ging nach einigen Tagen wieder ins Meer schwimmen – allerdings mit Badeschuhen, die ganz dicke Sohlen hatten. Die hängen dort an den Marktständen überall zum Verkauf. Man muß nur erst aufgeklärt werden, wofür sie gut sind, dann übersieht man sie nicht mehr.

Das wenigstens sollten Reiseunternehmen allen Touristen empfehlen. Ihr Schweigen kann jederzeit wieder zu so einer Katastrophe führen.

## KAPITEL 15

## WEIHNACHTEN

Weihnachten wollen wir zu Hause sein. Das ist ganz tief in uns drin. Einmal verbrachten Lore und ich das Christfest in Kalifornien. Das war, als ich mit Hitchcock in Hollywood den Film drehte. Wir waren ein bißchen unglücklich. Lore, die ja aus Sachsen kommt und damals noch mehr ihren Dialekt sprach, schätzte das in feinstem Sächsisch so ein: „Das is doch keen Weihnachten, nich wahr? Da gehört draußen Schnee auf die Fensterbank, und drinnen gehört ein Alpenveilchen und eine Katze." Von unserem Freund Hein Heckroth wurde das noch lange zitiert.

Ich erinnere mich genau, es gab auf dem Hollywood-Boulevard einen Weihnachtsumzug, der war wie bei uns der Mainzer Faschingszug. Santa Claus, wie ein Karnevalsprinz, wedelte begrüßend mit den Armen. Und dann die Hitze. Grauslich. Wir sind schwimmen gegangen am Weihnachtsabend. Am Heiligen Abend! Das war nichts für uns.

Wir denken in dieser Beziehung traditionell und feiern Weihnachten am liebsten zu Hause. Bei uns ist das mit einem Kirchgang verbunden. Einer bleibt daheim – meist ist das die

Hausfrau – und zündet die Christbaumkerzen an, wenn der andere Elternteil mit den Kindern oder wie jetzt auch noch mit den Enkelkindern nach Hause kommt. Dann läuten ein paar Glöckchen und das Christkind war da. Diese Silberglöckchen hatten schon Lores und meine Eltern, und wir werden sie auch weitergeben.

So um sechs Uhr abends geht es dann los. Zuerst wird ein Weihnachtslied gesungen, und die Kinder spielen dazu ein bißchen auf dem Klavier. Danach werden die Geschenke ausgepackt und dann wird gegessen. In Lores Elternhaus gab es am Weihnachtsabend immer Karpfen blau. Als wir dann in Münchsteinach lebten, wünschte ich mir einmal einen Heringstopf nach Hausfrauenart. Das ist seither unser traditionelles Weihnachtessen geblieben. Es ist sehr bekömmlich und außerdem kann es vorbereitet werden. Das macht ansonsten nur unnötigen Streß, wenn die Hausfrau zu Weihnachten die meiste Zeit in der Küche verbringt.

## „Weihnachtlicher Heringstopf à la Familie Strack“

*Kaufen Sie Salzheringe von beiden Geschlechtern. Die Männchen sind ganz wichtig wegen der Milcher, der Rogen der Weibchen wird ausgenommen, er wird nicht gebraucht. Die Milcher geben später der Soße die Würze.*
*Die Salzheringe werden zwei Tage gewässert, bis das ganze Salz raus ist. Dann werden sie filetiert und alle Gräten entfernt. Die Filets werden in einen Steintopf oder in eine Schüssel geschichtet, dazwischen kommen Apfelstückchen, saure Gurken in Scheiben und Zwiebelringe.*
*Die Milcher werden mit Joghurt zu einer Soße angerührt. Geben Sie die Soße ebenfalls auf die Heringe, so daß sie gut bedeckt sind. Die Heringe müssen unbedingt einen Tag im Steintopf richtig durchziehen.*

*Als Beilage gibt es Pellkartoffeln. Reichen Sie einen trockenen Weißwein dazu.*

*Übrigens sind Heringe sehr gesund, vor allem für Herz und Lunge. Sie enthalten neben ungesättigten Fettsäuren Jod, Magnesium, das Spurenelement Selen und viele Vitamine.*

## EIN FEST FÜR LEIB UND SEELE

Oft habe ich am Heiligabend die Weihnachtsgeschichte aus dem Lukas-Evangelium vorgelesen. Es ist die schönste Weihnachtsgeschichte, die ich kenne.

Einmal aber hat sich Lore die Weihnachtsgeschichte *Der Lotse* von Frederick Forsyth gewünscht.

Frederick Forsyth, der berühmte englische Autor, war im Zweiten Weltkrieg Kriegsberichterstatter. Ein vernunftsbetonter Mann, der mit Übersinnlichem nicht viel im Sinn hatte.

Umso erstaunlicher seine Geschichte, an die ich mich noch gut erinnere.

*Weihnachten im Nachkriegsdeutschland. Ein britischer Pilot bekommt über die Feiertage Urlaub und darf mit einem Jagdbomber nach Hause fliegen. Über dem Ärmelkanal herrscht dichter Nebel, er verfliegt sich hoffnungslos und verzweifelt fast. Er muß die ganze Zeit im Kreis geflogen sein. Das heimatliche Ufer ist einfach nicht zu finden. Der Treibstoff wird knapp.*

*Da, plötzlich, taucht aus dem Nebel ein anderer britischer Jagdflieger neben ihm auf und gibt Zeichen, ihm zu folgen. Der Kamerad lotst den Verirrten über den Kanal und bringt ihn glücklich zur Landung. Dann fliegt er weiter, verschwindet so schnell im Nebel wie er gekommen ist.*

*Der Flugplatz, auf dem der gerettete Pilot landet, ist ziemlich verwaist. Ein ehemaliger Militärflugplatz, der nun nach dem Krieg stillgelegt ist. Nur wenige Menschen arbeiten dort noch. Sie wundern sich, daß der Gast ihren Flugplatz überhaupt gefunden hat. Sie geben ihm zu essen und zu trinken und bieten ihm eine Übernachtung an.*

*Als der Pilot in sein Zimmer geführt wird, bemerkt er auf dem Kaminsims ein Foto. Es zeigt eine Gruppe von Fliegern, darunter auch seinen Retter.*
*Seine Gastgeber sind sehr bestürzt, denn der Pilot auf dem Foto wurde im Krieg abgeschossen und liegt schon einige Zeit unter der Erde, in seinem Heldengrab.*

Eine seltsam aufregende Geschichte, die so richtig in die Weihnachtszeit paßt – allerdings erschien sie uns mit dreißig Seiten doch etwas zu lang für den Heiligabend selbst.

Jetzt, mit den Enkelkindern, werden wir wohl bald wieder Weihnachtsgeschichten vorlesen. Das gehört eigentlich in jede Familie. Weihnachten ist von seiner Bedeutung her ein christliches Fest. Über seinen Ursprung wissen viele Kinder zu wenig. Nur gut zu essen und Geschenke zu bekommen, das ist ja eigentlich nicht sein Sinn.

Die Bibel ist eines unserer wichtigsten Kulturgüter. Auch für die, die nicht an Gott glauben. In der Bibel stehen die Grundsätze für das menschliche Zusammenleben. Sie sollten in der Erziehung jedes Kindes eine Rolle spielen. Und kein Kind wird die alten Bilder, die alte Kunst verstehen lernen, wenn es die biblischen Geschichten nicht kennt.

## Glücklich, wer Enkelkinder hat

Enkelkinder sind das größte Geschenk, das einem die eigenen Kinder machen können. Das Verhältnis von Großeltern zu Enkelkindern ist etwas Einzigartiges. Wir müssen unseren Sascha und den kleinen Paul nicht erziehen, wir haben nicht die Verantwortung – Lore und ich können es einfach genießen, diese kleinen Menschen heranwachsen zu sehen.

So wie wir bekommen alle Großeltern, die ich kenne, leuchtende Augen, wenn sie von ihren Enkeln erzählen.

Meine Tochter hat unlängst Paul, ihr zweites Kind, zur Welt gebracht. Als sie mit ihm schwanger ging, wurde schon oft von ihm gesprochen, auch mit Sascha, der gerade drei Jahre geworden ist. Irgendwann in dieser Zeit fragte Sascha: „Wann ist denn Paul endlich da?" Er hatte dem ungeborenen Bruder in seiner Phantasie den Namen Paul gegeben und ließ sich davon nicht mehr abbringen.

Keiner aus der Familie kann sich erklären, wie Sascha darauf gekommen ist. Fortan wurde das Baby von allen nur noch Paul genannt und schließlich auf den Namen Christian Paul Günter getauft. Den dritten Namen bekam er mir zu Ehren.

## Die Mundharmonika oder: Wie man kindliche Eifersucht besänftigen kann

In der Schwangerschaft zerbrach sich Susanne den Kopf darüber, wie sie Sascha am besten auf ein Geschwisterchen vorbereiten könnte. Sie fürchtete, daß er sich zurückgesetzt fühlen würde, sobald das Baby da war. Eine Angst, die viele Mütter haben und die sicherlich nicht unberechtigt ist. Wie soll denn auch so ein Dreikäsehoch verstehen, daß das Neugeborene momentan die Mutter viel mehr braucht als er selber? Erste Konkurrenzgedanken entstehen da, die vielleicht das Verhältnis der Kinder untereinander für lange Zeit bestimmen.

Eine Freundin gab Susanne zwei gute Ratschläge, die sie

selbst von einem Kinderpsychologen erhalten hatte:

Am besten beschäftigt die Mutter das größere Kind immer mit. Entweder darf es helfen, das Baby zu versorgen, oder es wird immer gleichzeitig auch ein bißchen versorgt.

Und der andere Rat: Wenn das Geschwisterchen zur Welt kommt, bringt es für das Erstgeborene ein Geschenk mit.

Uns allen haben diese Ratschläge sehr eingeleuchtet, und Susanne hat sie dann auch umgesetzt.

Paul wurde geboren – es wird wohl für immer bei diesem Namen bleiben – und brachte für seinen großen Bruder ein Geschenk mit. Als Sascha ihn das erste Mal besuchen durfte, lag auf dem Baby-Kissen eine Mundharmonika für ihn. Sascha hat sich riesig über dieses schöne Instrument gefreut, und dennoch wurde Paul in der ersten Zeit für ihn zum Problem.

Plötzlich hatte die Mama nur noch Christian Paul im Arm, Christian Paul wurde gestillt, trockengelegt und rund um die Uhr betüddelt. Also wollte Sascha zumindest ein Fläschchen, wenn das Baby gestillt wurde. Und er mußte sich auch ganz dicht an die Mama kuscheln dürfen, das erwartete er ganz einfach. Susanne hatte nun beim Stillen zwei Kinder, im Arm das Baby und ganz dicht bei sich den Sascha. Der suchte ihren Körperkontakt, indem er beinahe in ihren Ärmel schlüpfte. Dieses Schlüpfen machte Sascha aber nur bei den Frauen, bei Susanne und bei Lore.

Im Urlaub fehlen uns die Enkelkinder sehr. Wir rufen oft zu Hause an und wollen wissen, wie es ihnen geht. Wir hatten geplant, unseren letzten Urlaub um eine Woche zu verlängern, aber Lore zog es nach Hause. Großmütter sind in dieser Hinsicht noch ein bißchen „schlimmer“ als Großväter.

Lore:

*Kinder sind ein Geschenk. Ich hab es sehr genossen, daß ich sie großziehen durfte. Es gehört halt zum Glück mit dem Partner dazu. Es ist ein Lebensglück.*
*Und wenn sie dann erwachsen sind, muß man loslassen können, sie ihren eigenen Weg gehen lassen. Das ist schwer, besonders für uns Mütter. Je eher das Loslassen gelingt, desto besser ist hinterher das Verhältnis zu den Kindern, das ist jedenfalls meine Erfahrung.*
*Ich möchte allerdings, auch wenn ich alt bin, nicht wieder mit ihnen zusammenleben. Damit kein Mißverständnis entsteht: sicherlich werde ich ihnen immer helfen, wo ich kann, aber freiwillig und als selbständiger Mensch. Ja, ich will selbständig bleiben, auch wenn ich alt bin, solange es eben geht. Ich will mich nicht immer anpassen müssen, kein Anhängsel sein der neuen kleinen Familie, die ihre eigenen Sorgen, aber auch ihr eigenes Glück haben muß. Das schlimmste, was man seinen Kindern antun kann, ist Dankbarkeit zu erwarten. Müssen sie dankbar sein dafür, daß wir sie in die Welt gesetzt und großgezogen haben? Der Wunsch nach Dankbarkeit wird von unserem Egoismus diktiert, und Egoismus war noch nie ein guter Ratgeber.*

## Jung und Alt

Jungen Menschen gehört die Zukunft. Wie sagt man so schön: sie sind das höchste Gut eines Volkes. Sie verdienen auch unsere Renten. Aber wir haben ja auch für die Generation unserer Eltern die Renten verdient. Das ist ein Vertrag auf Gegenseitigkeit, und das sollte auch so bleiben.

Niemand hat ein Abonnement auf ewige Jugend, jeder kann in die Situation kommen, alt und abhängig zu werden. Meine Mutter hat das recht drastisch formuliert: „Wer nicht alt werden will, muß sich jung erhängen."

Jeder kann auf seine alten Tage in finanzielle Nöte geraten. Wer weiß schon in der Jugend, wie es ihm im Alter ergehen wird?

Den berühmten Boxer Joe Louis kennt aus meiner Generation gewiß jeder, er hat in den dreißiger Jahren gegen unseren Max Schmeling gekämpft, und beim zweiten Mal hat er ihn auch besiegt. Dieser Joe Louis ist bettelarm gestorben. Er war einer der größten Boxer aller Zeiten und hat Millionen und Abermillionen mit seinen Kämpfen verdient.

Als Lore und ich in Kalifornien waren und ein paar Tage in Las Vegas verbrachten, fand gerade der Weltmeisterschaftskampf Joe Walcott gegen den schwedischen Boxer Johannsen statt. Wir gingen ganz zufällig an dem Hotel vorbei, in dem die Boxer wohnten. Und da sah ich Joe Louis, er hat Koffer getragen für die Hotelgäste. Er ist später als bettelarmer Mann gestorben.

Wie Joe Louis gibt es viele Menschen, die zu gutmütig waren, um ihr Geld festzuhalten oder die betrogen wurden von ihren engsten Beratern oder die ihr Geld verspielt haben. Wer will darüber urteilen? Das Leben beschert seltsame und traurige Schicksale. Wer weiß, was es für jeden von uns noch bereithält.

## Kapitel 16

## Durch das Weinen fliesst die Traurigkeit aus der Seele heraus

(Thomas von Aquin)

Wahrscheinlich gehöre ich zu den Menschen, die von ihrer Grundstimmung her Optimisten sind.

Es gibt bekanntlich zwei verschiedene Auffassungen: für mich ist ein Wasserglas immer eher halbvoll, nicht halbleer. Vielleicht ist diese Sicht ausschlaggebend dafür, daß ich mich als glücklichen Menschen bezeichne. Aber natürlich kenne auch ich traurige Momente.

Die dunkelsten Stunden in meinem Leben waren mit dem Tod eines lieben Menschen verbunden. Mein älterer Bruder ist fünf Tage nach seinem achtzehnten Geburtstag gefallen. Ich war fünfzehn und hatte bis dahin den Tod in der Familie noch nicht erlebt. Dieser Bruder stand mir sehr nahe, er war neben meiner Mutter der wichtigste Mensch in meiner Jugend. Er hat vieles für mich getan, was eigentlich ein Vater tut.

Ganze siebeneinhalb Wochen war mein Bruder Soldat. Ich habe ihn in dieser Zeit noch dreimal besucht. Das war nicht einfach, denn in den letzten Kriegstagen durfte man nicht so ohne weiteres reisen. Man brauchte dazu eine Art Genehmigung. Aber ich konnte die Erlaubnisscheine der anderen Familienmitglieder benutzen.

Das letzte Mal kam meine Mutter mit. Wir trafen meinen Bruder in einer Kaserne in Wittlich bei Trier. Meine Mutter hat an diesem Tag sehr schwer von ihm Abschied genommen, sie hat furchtbar geweint. Wie Mütter so sind, hatte sie die Vorahnung, daß sie ihn nie wiedersehen würde. Und sie hatte leider recht.

In der Rundstedtoffensive ist er gefallen – einer der vielen jungen Männer, deren Leben nutzlos vergeudet wurde, nur weil die Nazis sich nicht eingestehen wollten, daß der Krieg längst verloren war.

Die Rundstedtoffensive war gegen Kriegsende eine der schlimmsten Schlachten an der Westfront, es sind da über vierzigtausend amerikanische Soldaten und entsprechend viele Deutsche gefallen. Bei Bastogne haben die Amerikaner einen Heldenfriedhof für ihre in dieser Schlacht gefallenen Soldaten angelegt. Ganz in der Nähe, in Wiltz, ist eine Freilichtbühne, auf der französische, belgische und deutsche Schauspieler einmal, gewissermaßen zum Zeichen der Völkerversöhnung, gemeinsam aufgetreten sind. Aus diesem Anlaß besuchte auch ich den Heldenfriedhof.

Auch wenn mein Bruder längst umgebettet worden war, hat dieses Erlebnis die Erinnerungen an ihn und an die schrecklichen Kriegsjahre in mir wieder aufleben lassen. Das unermeßliche Leid, das der Krieg über die Völker gebracht hat, die Dimensionen des Schreckens, wurden mir dabei noch einmal richtig bewußt.

## Leiden sind Lehren

(Aesop)

Menschen in unserem Kulturkreis haben es schwer, mit der Trauer umzugehen. Wir schämen uns zu weinen – vor allem wir Männer –, wir bemühen uns darum, gefaßt zu wirken. Niemand soll uns unser Leid anmerken.

Die Kehrseite der Medaille: wir lassen auch die Trauernden mit ihrem Schmerz allein. Rücksichtnahme, wir wir das nennen, ist aber eigentlich nur ein Vorwand dafür, daß wir unsere Gefühle nicht zeigen wollen und dürfen.

Diese Art der Disziplin, in Jahrhunderten anerzogen, macht krank. Ein Mensch muß seinen Schmerz und seine Trauer ausleben können. Es gibt doch nichts Menschlicheres, als über den Verlust einer geliebten Person schreien oder weinen zu wollen. Tränen lösen den Seelenschmerz, sie machen das Leid erträglicher, irgendwann vergehen sie und auch der Schmerz wird überwindbar.

Die Totenwache, das Wehgeschrei der Klageweiber, wie wir sie aus vorwiegend südeuropäischen Filmen kennen, alles das hat den tiefen Sinn – Abschied zu nehmen, indem man sich seinem Schmerz hingibt.

Das Trauerjahr, das wir noch vor einer Generation den engsten Hinterbliebenen zugestanden haben, das sich auch in der Trauerkleidung nach außen hin zeigte, gibt es leider nicht mehr. Auch das ist ein Zeichen dafür, wie wir Trauer verdrängen wollen. Dabei bestätigen uns die Psychologen inzwischen, daß diese Sitte durchaus ihren Sinn hat. Immerhin gibt es noch den Leichenschmaus, bei dem die betroffene Familie und die Nachbarn, Freunde und Kollegen beisammen sitzen. Dieses Beisammensein beginnt in der Regel in sehr gedrückter

Stimmung, teilweise werden noch Trauerreden gehalten, aber irgendwann kippt dann die Stimmung. Es wird auch gelacht, und das ist richtig so. Damit ist das Grab wirklich geschlossen, die Überlebenden signalisieren sich gegenseitig: das Leben, der Alltag geht weiter.

In meinem erwachsenen Leben waren es der Tod meiner Mutter und der meines Schwiegervaters, die mich sehr erschüttert haben. Meine Mutter lebte ihre letzten Jahre bei uns in Münchsteinach. Sie war schon sehr krank, und als sie starb, konnte ich bei ihr sein.

Lore und ich sagen immer, sie hat gewartet mit dem Sterben, bis ihr Sohn nach Hause kam. Ich war damals für ein paar Tage zu Dreharbeiten von zu Hause fort gewesen. Als ich sie dann wiedersah, war sie schon vom Tode gezeichnet; irgendwie, das ist unbeschreiblich, sieht man es dem Menschen an. Wir waren noch ganz fröhlich miteinander. Meine Mutter ist leicht gestorben, vielleicht weil sie so gar keine Angst vor dem Tod hatte, vielleicht auch, weil sie innerlich überzeugt war, daß sich der Sinn ihres Lebens erfüllt hatte.

Zu meinem Schwiegervater hatte ich ein sehr enges Verhältnis. Er war ein künstlerisch sehr interessierter Mann und nahm regen Anteil an meinem Beruf. Ganz anders als mein Vater war er gerade in diesem Bereich für alles aufgeschlossen. Ich konnte mich ihm anvertrauen und bin stets auf Interesse und Verständnis gestoßen. Mein Vater verstand sich in erster Linie als strenger Erzieher, sein Wahlspruch war wohl: liebst du deine Kinder, dann sei streng zu ihnen.

Mein Schwiegervater war mein Vertrauter, er hat bei jedem Problem nach individuellen Lösungen gesucht, war nicht auf Vorschriften fixiert. Das machte Gespräche mit ihm so hilfreich. Als er 1963 starb, ein paar Tage nachdem wir wieder ein gutes Gespräch miteinander gehabt hatten – auf Lores Geburtstagsfeier –, war ich zutiefst betroffen.

Die dunklen Stunden, sie gehören zu einem Leben dazu, sie machen uns empfindsam für fremdes Leid. Nur was ich selber erlebt habe, kann ich auch mitempfinden. Dunkle Stunden machen uns auch das Glück bewußt, weil sie sein Gegenteil sind.

Schlimm dran sind letztlich die Menschen, die solche Stunden nicht ausleben, die Trauer und Leid oder Ärger und Frust für sich nicht zulassen, die diese Gefühle verdrängen. Irgendwann werden sie auch die glücklichen Zeiten nicht mehr empfinden können.

Vor Lores Geburtshaus in Dresden

# Kapitel 17

## Deutschland - Gedanken

*Achte jedes Mannes Vaterland, aber das deinige liebe.*
(Gottfried Keller)

Ich wollte immer gern, daß Deutschland wieder *ein* Land wird. Das klingt heute so dahergesagt, aber wie oft haben wir alle diese furchtbare Teilung beklagt. Aus der klassischen Literatur, auch vom Theater her weiß man, wie sehr die Menschen sich schon im vergangenen Jahrhundert um ein geeintes Deutschland gesorgt und bemüht haben, lange gab es ja nur diese vielen deutschen Kleinstaaten. Bis dann Bismarck kam.

Als jetzt endlich wieder die Grenze fiel, da, glaube ich, haben fast alle Deutschen dasselbe gefühlt. Als ich die Bilder im Fernsehen sah, wie sich Fremde auf der Straße vor Freude umarmten und wie sie feierten, da habe auch ich geweint. Und da Lore aus Dresden stammt, sie ist schon sehr früh mit ihrer Familie geflohen, haben wir das vielleicht besonders stark empfunden. Wir waren auch vor der Wende und danach oft dort. Wir möchten im Kleinen das Unsrige dazu tun, damit wir Deutschen gegenseitig mehr voneinander erfahren und verstehen.

## WIR SIND EIN VOLK, UND EINIG WOLLEN WIR HANDELN

(Schiller)

Es hat sich viel verändert, seit die Mauer gefallen ist. Aber leider sind auch die Gräben größer geworden.

Bei allen gegenseitigen Vorbehalten – etwas besseres als die Einheit Deutschlands konnte uns nicht geschehen. Jetzt sollte sich jeder darum bemühen, daß sie auch ihren Sinn bekommt, sollte das Land anschauen und Freunde finden.

Mit meinem Winzerverein in Wasserlos haben wir eine Vier-Tage-Fahrt nach Dresden unternommen, den Weinanbau an der Elbe angeschaut und die Semper-Oper. Unser Freund Wolfgang Hensch, der Architekt, der den Wiederaufbau der Oper geleitet hat, veranstaltete für uns eine Führung durch dieses berühmte Bauwerk.

Wir sind dann noch die Elbe hinaufgefahren zum Elbsandsteingebirge und waren am nächsten Tag auf dem staatlichen Weingut in Radebeul. Der Weinanbau ist in Sachsen viel schwieriger als bei uns. Kein Wunder, es ist das nördlichste Anbaugebiet in Deutschland. Aber sie haben gute Weine. In Meißen besuchten wir die berühmte Porzellanmanufaktur und natürlich „Vincenz Richter", das altbekannte Weinlokal.

Es hat gar keinen Sinn, daß wir uns gegenseitig unsere Fehler vorwerfen, die aus dem Osten den Wessis und umgekehrt, wir müssen uns akzeptieren lernen. Und je schneller das geschieht, desto leichter wird es in allen Dingen vorangehen. Alte Freundschaften wiederbeleben, Besuche machen, Menschen kennenlernen und mit ihnen reden, schauen, wie die anderen leben, wie sie denken und warum sie so denken – ich glaube, das ist der einzige Weg.

## Der sorgsame Umgang mit altem Gemäuer

Dresden war einmal eine der schönsten Städte der Welt. Nach dem Krieg war sie eine zerstörte Stadt, zerstört wie keine andere.

Als Prestige-Projekt wurde das barocke Zentrum in großen Teilen schon zu DDR-Zeiten wieder aufgebaut, die Semperoper, die Hofkirche, der Zwinger. Jetzt wird das Schloß wieder aufgebaut und die Frauenkirche. Die Ruine wurde abgetragen, aber jeder Stein numeriert und aufbewahrt, am Elbufer gelagert für den neuen Bau. Das hat mich sehr beeindruckt. Wie sorgsam dort mit jedem Stein umgegangen wird, mit unserem gemeinsamen Kulturerbe! Wenn wir Deutschen uns gegenseitig so vorsichtig und feinfühlig behandeln würden, dann bekäme die Einheit auch ihren Sinn.

## Wenn der Klügere immer nachgäbe, würde nur noch die Dummheit regieren

Diese Abwandlung des alten Sprichworts stammt von meiner Mutter. Ich muß oft daran denken, in alltäglichen Situationen, aber auch, wenn ich über Politik diskutiere.

Ich bin Demokrat. Wer einmal in einer Diktatur leben mußte, weiß Demokratie zu schätzen. Für Demokratie würde ich mich einsetzen, würde ich kämpfen, alles mögliche tun, obwohl ich keiner Partei angehöre und auch nicht angehören möchte.

Ich bewundere es, wie die Menschen im Osten mit ihrem Unwillen und ihrem massiven Protest die Herrschaft der Kommunisten beendet haben. Sie haben ihr Schicksal selbst in die

Hand genommen und sich der Verantwortung gestellt. Jetzt gilt es, dem Westen gegenüber aufzuholen und die unbewältigte Vergangenheit aufzuarbeiten – sicher schmerzliche Prozesse.

## Verdrängen heisst nur Verschieben

Früher oder später holt jeden die Vergangenheit ein, davon bin ich überzeugt.

Noch immer verfolgen uns die Greueltaten der Nazis. „Die Sünden der Väter werden gesühnt werden bis ins dritte und vierte Glied“, heißt es in der Bibel. Noch immer schaut man viel genauer auf Deutschland als auf andere Länder, wenn es um Menschlichkeit, Toleranz und um Frieden geht.

Die Ausländerfeindlichkeit, die sich im Osten wie im Westen ausgebreitet hat, wird dem Anschein nach vor allem von jungen Leuten getragen.

Vielleicht sind es gar nicht so viele, aber sie verfolgen ihre Ziele mit einer Grausamkeit und einer Militanz, die mich erschrecken läßt. Und sie versuchen unter dem Vorwand, die Ausländer nähmen uns unsere Arbeit weg, andere mitzureißen – Menschen, die ihre Arbeitsplätze gefährdet sehen oder bereits arbeitslos sind, die unzufrieden sind mit ihrer Lebenssituation oder mit der deutschen Politik.

Mutige und kluge Journalisten haben herausgefunden, daß die Anführer dieser Jugendlichen, die sich mit Aktionen gegen Ausländer hervortun, über direkte und indirekte Wege Verbindungen zu gut organisierten Altnazis haben, die es leider auf der ganzen Welt gibt.

Als sich die Welle der Übergriffe auf Ausländerheime und

Heime für Asylsuchende auszubreiten drohte, haben die Medien begonnen, die schweigende Mehrheit dagegen zu mobilisieren. Ich wurde damals von einer Hamburger Produzentin gefragt, ob ich bereit wäre, etwas zu tun – einen TV-Spot zu machen gegen Ausländerfeindlichkeit. Ich war sofort einverstanden, habe natürlich auf meine Gage verzichtet und wir haben zwei Spots gedreht. Ich hatte, nachdem ich eine Parabel vorgelesen habe, die in den Rahmen paßte, auch Gelegenheit, meine ganz persönliche Meinung zu sagen.

In meinem Umfeld gibt es viele Ausländer. Erstens bin ich selber oft im Ausland, um zu arbeiten, zudem verbringe ich meinen Urlaub jedes Jahr auf Lanzarote, zweitens arbeiten viele Ausländer in unseren Filmteams und ich muß sagen, mir sind anständige Ausländer genau so lieb wie anständige Deutsche.

Nachdem diese Spots gesendet worden waren, habe ich böse Briefe bekommen. Auch Drohungen. Alles natürlich ohne Absender. Sich zu bekennen, dazu sind die Schreiber solcher Unverschämtheiten zu feige.

Mancherorts tragen junge Männer diese fürchterlichen SS-Runen auf ihren Bomberjacken ungeniert durch die Straßen. Am liebsten natürlich an den „Gedenktagen“ der Naziverbrecher. Ich kann nicht glauben, daß sie wirklich wissen, auf welche menschenverachtende Ideologie sie sich da einschwören lassen. Leider wollen sie es sich auch nicht von uns sagen lassen.

Was machen wir falsch, daß sie uns nicht zuhören?

Ich war in ihrem Alter, als Krieg war. Mein Bruder fiel in den letzten Kriegstagen, da war die Front bereits auf deutschem Boden. Man hatte das letzte Aufgebot, junge Soldaten, die nicht einmal eine Ausbildung hatten, an die Front

Im Gespräch mit unserem Bundeskanzler Helmut Kohl

geschickt. Kanonenfutter waren sie, waren wir, denn auch ich habe mit fünfzehn Jahren unter Tieffliegerbeschuß Gräben ausgehoben, nicht weit von meiner Heimatstadt, um „Deutschland zu retten". Wir hatten keine Wahl. Wir konnten nicht entscheiden, ob wir Rot, Schwarz, Gelb oder Grün haben wollten. Es gab nur Braun, die Farbe der Nazidiktatoren. Das bedeutete für viele den Tod, ehe sie überhaupt richtig gelebt hatten.

Deutschland hat in diesem Jahrhundert zwei Weltkriege

mitgemacht, zwei Diktaturen gab es auf deutschem Boden, wenn man die Herrschaft der Kommunisten im Osten mitrechnet. Und da wollen junge Deutsche eine Idee wiederbeleben, die schon einmal schreckliches Grauen und Elend heraufbeschworen hat? Warum verwenden sie ihre jugendliche Kraft nicht, um das zu verbessern, was wir haben, die Demokratie?

## Persönlichkeiten braucht das Land

Es hat sich ja viel verändert in der Parteienlandschaft. Mit dem Einzug der Grünen ins Parlament begann es. Als ich den Joschka Fischer das erste Mal so richtig wahrnahm, wie er seinen Eid ablegte auf die Verfassung und in Turnschuhen daherkam, war ich ziemlich entsetzt. Ich möchte nicht gern wiederholen, was ich damals gesagt habe. Die Verfassung ist für mich etwas Heiliges, und ihm war sie es nicht wert, sich ein einziges Mal von seinen alternativen Klamotten zu trennen...

Mit der Zeit habe ich ihn schätzen gelernt. Das, was er sagt, ist klug, seine Reden sind präzise, ohne das übliche Geschwafel. In vielen Dingen stimme ich mit seiner Meinung überein. Nicht mit der seiner Partei, diesen Unterschied möchte ich beachtet wissen. Ich bin kein Grüner, eher bin ich konservativ. Aber wenn einer kommt, aus was weiß ich für einer Ecke und überzeugt mich, dann werde ich ihn unterstützen.

Parteien brauchen Persönlichkeiten. Brandt war eine solche, Kohl schätze ich. Es war kein ernsthafter Konkurrent weit und breit in Sicht bei der letzten Bundestagswahl. Ich habe ihn deshalb auch gewählt.

Politik steht und fällt mit prägnanten, glaubwürdigen Persönlichkeiten. Die Parteienverdrossenheit im Lande hat damit zu tun, daß es zu wenige von ihnen gibt. In den Führungspositionen sitzen mehr und mehr Bürokraten, die sich ständig ihre Diäten erhöhen und ihre kleinen Gefechte fechten.

Ich meine, es müßte Gesetze geben dafür, daß Beamte auch mal zur Rechenschaft gezogen werden können.

Es kann auch nicht gut sein, wenn Politiker sozusagen von der Schulbank in die Politik kommen. In den Jugendorganisationen der Parteien entwickeln sie neue Ideen, aber wenn sie zu eigenständig werden oder ihre Parteioberen zu stark kritisieren, werden sie schnell zur Ordnung gerufen. Sie werden in die Partei integriert, und irgendwann sind sie so angepaßt, daß man nichts Aufregendes mehr von ihnen hört.

Was hat denn die alten Großen im Nachkriegsdeutschland so groß gemacht? Sie haben sich den Lebenswind kräftig um die Nase wehen lassen, haben sich viel stärker behaupten müssen. Im Parlament sitzen fast nur noch Beamte. Sie engagieren sich naturgemäß viel stärker für ihre eigene Berufsgruppe als für die vielen anderen Sparten, die Handwerker oder die mittelständischen Unternehmer, die für unsere Wirtschaft so wichtig sind. Man sollte die Amtszeit unserer Abgeordneten begrenzen, sie sollten keinesfalls länger als zwölf Jahre, also drei Wahlperioden, im Bundestag vertreten sein. Wer sein Leben lang Politiker bleibt, verliert leicht den Kontakt zum wirklichen Leben seiner Wähler und klebt irgendwann an seinem Posten.

Ich sehe die Gefahr, daß radikale Parteien ihren Nutzen aus der Müdigkeit und Unentschlossenheit der Wähler ziehen können. Die sogenannte Parteienverdrossenheit kommt ja nicht von ungefähr...

# Kapitel 18

## Die Dinge zwischen Himmel und Erde

Mit Hansjörg Felmy haben Lore und ich die Hitchcock-Zeit in Hollywood verbracht. Wir verstanden uns sehr gut und sind in dieser Zeit richtige Freunde geworden. Abends wurden Geschichten erzählt. Eines Morgens kam der Hannes und erzählte uns von einem Alptraum, den er in der Nacht gehabt hatte: ihm sei ein Schneidezahn einfach so rausgefallen, und das sei ein schreckliches Gefühl gewesen. Lore und ich sahen uns bedeutungsvoll an. Ich sagte: „Hannes, entschuldige, aber nach so einem Traum stirbt jemand, der dir sehr nahe steht."

Felmy machte sich ein bißchen lustig über meine Befürchtungen.

Ich erzählte ihm, daß ich diesen Traum auch schon gehabt hatte, von einem Schneidezahn, der mir rausgefallen war, einfach so. Ich kannte dieses fürchterliche Gefühl, wenn einem so ist, als klaffe zwischen den Zähnen plötzlich ein großes schwarzes Loch. Ein ekelhafter Traum.

Ich hatte ihn damals meiner Mutter erzählt und die hatte sofort gemeint: „Mein Junge, wenn du das träumst, stirbt jemand von uns." Es war mein Vater, der kurz darauf starb.

Hansjörg Felmy konnte mit meiner Trauminterpretation

Drehpause bei Hitchcock – mit Julie Andrews, Hansjörg Felmy und Wolfgang Kieling

nichts anfangen. Noch nicht. Am darauffolgenden Morgen klopfte es sehr früh an unserer Tür, Hannes reichte ein Telegramm durch den Türspalt. Auch sein Vater war gestorben.

Es gibt Dinge, für die haben wir keine Erklärung. Ich denke abends an einen alten Kollegen, unterhalte mich mit Lore über ihn. Plötzlich klingelt das Telefon, er ist dran. Wie oft hat mir Lore erzählt, daß sie von einem bestimmten Menschen geträumt hat. Am nächsten Tag kommt sie nach Hause und erzählt, daß sie eben diesen Menschen getroffen habe, den sie so lange nicht gesehen hatte.

Wir nennen es Gedankenübertragung. Lore hat ohnehin einen sechsten Sinn.

## Sind wir nur einmal auf der Welt?

Seit zwanzig Jahren kennen wir Frau Dr. N., unsere „Nuni“. In größeren Zeitabständen besuchen wir sie, früher in Nürnberg, jetzt in Bad Liebenzell-Unterlengenhardt, wo das anthroposophische Zentrum ist. Unsere Nuni ist anthroposophisch ausgerichtete Ärztin, das heißt, sie vertritt die christlich orientierte Lebensanschauung, die Rudolf Steiner Anfang unseres Jahrhunderts formuliert hat. Die Anthroposophen sind unter anderem von der Existenz der Engel überzeugt, sie glauben auch an eine Art Wiedergeburt des Menschen.

Wenn wir zu Dr. N. gehen, wird aus der medizinischen Sprechstunde immer auch ein philosophisches Gespräch. Ihre Augendiagnose, mit der sie den Zustand des Körpers erfaßt, finde ich einmalig. Sie kann damit erkennen, welche Krankheiten ein Mensch in der Vergangenheit hatte und ebenso die gegenwärtige körperliche Verfassung.

Sie nimmt sich Zeit für jeden Patienten. Das ist ein wesentlicher Unterschied zwischen den Schulmedizinern und den Ärzten, die sich der Naturheilkunde verschrieben haben. Sie beschäftigen sich mit dem ganzen Menschen. Führen Gespräche, machen sich ein Bild von der Patienten-Persönlichkeit, hören sich Probleme an.

Viele unserer körperlichen Leiden haben ja ihren eigentlichen Ursprung in der Seele – oder in der Psyche, um es medizinisch auszudrücken. Etwas, das in der Schulmedizin häufig überhaupt nicht in Betracht gezogen wird.

Nuni nimmt sie sich immer sehr viel Zeit für uns. Ein Termin kann gut drei Stunden dauern, auch weil sie uns gemeinsam empfängt. Ich finde es gut, wenn Eheleute, die alles miteinander teilen, auch gemeinsam zum Arzt gehen. Ich habe miterlebt, wie sie Lore immer wieder aufgebaut hat, als sie unter den Wechseljahren zu leiden hatte. Die Hormonumstellung belastete Lore arg. Es war gut, daß ich als Mann davon etwas mitbekam, ich verstand plötzlich Stimmungsumschwünge und depressive Anwandlungen besser, mit denen sie im Klimakterium zu kämpfen hatte.

Es gibt viele Männer, die dann sagen: meine Frau spinnt mal wieder. Einfach, weil sie es nicht besser wissen. Männer haben ja in diesem Sinne kein Klimakterium. Sie werden ohne einen krassen Hormonwechsel alt.

Zwischen Nuni und uns hat sich mit den Jahren ein echtes Vertrauensverhältnis herausgebildet, wir rufen sie auch zwischendurch an und holen ihren gesundheitlichen Rat ein. Wir wissen gegenseitig auch viel Privates voneinander.

Wir selbst sind keine Anthroposophen, aber wir stehen der Lebensanschauung unserer Nuni durchaus nahe.

Frau Dr. N. ist inzwischen siebzig. Kürzlich verstarb ihr Mann, der auch Arzt war. Als Anthroposophin glaubt sie, daß sein Geist eng mit dem ihren verbunden bleibt, auch wenn der Körper des geliebten Mannes sie verlassen hat. Bei unserem letzten Besuch war sie bekümmert. Sie hatte einen Ring verloren, den ihr Mann ihr einmal geschenkt hatte. Sie hing natürlich sehr an dem Schmuckstück. Der Ring mußte ihr irgendwie vom Finger gerutscht sein und sie hatte es nicht rechtzeitig bemerkt. Sie war sehr unglücklich darüber und hatte ihn schon überall gesucht. Lore versuchte vergeblich, sie zu trösten.

Vierzehn Tage später rief sie uns an, um uns freudig mitzuteilen, daß der Ring wieder da sei. Sie hatte ihn im Müllberg hinter dem Haus entdeckt.

Natürlich haben wir gefragt, wie sie denn darauf gekommen sei, ihn ausgerechnet dort zu suchen. Ganz typisch für eine Anthroposophin antwortete sie: „Mein Mann, der da oben ist, der hat mir geholfen, er hat mir den Weg dorthin gewiesen.“

Es muß ein großer Trost für sie sein, daß sie ihren langjährigen Gefährten immer noch bei sich fühlt, daß sie mit seinem seelischen Beistand weiterlebt.

Mir fiel bei diesem Anruf der wunderbare Vers aus dem Markus-Evangelium ein, wo Jesus über den Kindersinn spricht:

*Wenn ihr nicht umkehrt und wie die Kinder werdet,*
*könnt ihr nicht ins Himmelreich kommen.*

Ich denke, wer glauben kann, der ist bevorteilt im Leben. Glauben heißt Hoffnung haben und Trost finden, wenn es einem schlecht geht.

Vielen Menschen, nicht nur Intellektuellen, fällt dies heutzutage schwer. Hoffnungslosigkeit macht die Menschen aber krank, macht sie aggressiv und häufig genug zynisch – anders kann man die Welt ohne Glauben wohl auch kaum ertragen.

## Nicht für die Schule, fürs Leben lernen wir, oder: warum Waldorfschulen besser sind

In unserem Bekanntenkreis beschäftigen sich viele Menschen mit dem Gedankengut der Anthroposophen – der „Menschenfreunde“.

Auch Lores Eltern waren davon beeinflußt, sie haben ihre Tochter längere Zeit auf die anthroposophische Waldorfschule geschickt. Leider mußte sie diese Schule vorzeitig verlassen, weil die Familie nach Bonn umzog und es dort damals keine solche Schulen gab.

Lore hat unsere Kinder, so gut sie konnte, nach den Ideen der Waldorfpädagogik erzogen. Das wichtigste Ziel dabei ist, den Kindern nicht nur Wissen zu vermitteln. Jedes Kind wird musikalisch und auch in seinen handwerklichen Fertigkeiten gefördert. Sport spielt ebenfalls eine große Rolle.

Anthroposophen sind heitere Menschen, ohne Angst vor einem strafenden Gott, ohne Angst vor dem Tod. Alles kommt wieder, wie in der Natur, die sich immer erneuert – davon sind sie überzeugt.

Die Waldorfschule erzieht und bildet Kinder nach diesem ganzheitlichen Denken. Eine hervorragende Pädagogik, die praktisch und lebensnah erzieht – jeder Abiturient hat mit Abschluß der dreizehnten Klasse auch ein Handwerk erlernt – und die gleichzeitig die spirituellen Zusammenhänge der Welt betont. Diese Schule verzichtet auf klassische Benotungen, weil sich die gesamte Persönlichkeit eines Kindes nicht zwischen „sehr gut“ und „unbefriedigend“ ausdrücken läßt.

# Kapitel 19

## Wenn das Alter naht

Irgendwann, in irgendeinem Moment, wird einem die Endlichkeit seines Lebens klar. Vielleicht, weil man langsamer wird, sich Zipperlein einstellen, von denen man weiß, die wird man nie wieder los; vielleicht, wenn man über große Zeiträume plant und dann durchzuckt es einen, daß man sie gar nicht mehr erreichen könnte, vielleicht weil die eigenen Eltern verstorben sind und man nun selbst die älteste Generation darstellt. Irgendwann passiert es das erste Mal.

Unsere Nuni sagt, das Leben wird mit dem Alter immer schöner. Sie genießt das Älterwerden in dem Bewußtsein, daß sie zwar sterben, aber niemals vergehen wird.

Angst vor dem Alter kommt ja weniger aus der Angst, sterben zu müssen, als aus der bangen Frage, was wohl nach dem Tode ist. Wir Christen haben natürlich die Hoffnung auf das ewige Leben – aber doch sehr viel weiter entfernt, als es die Anthroposophen haben.

Ich würde gern achtzig werden, wenn ich gesund bleibe. Noch arbeiten bis ich siebzig bin, und dann mit Lore reisen.

## Selbständig bleiben ist das oberste Gebot

Wir würden im Alter gern in unserem Haus wohnen bleiben, vorausgesetzt, wir bewältigen das noch allein.

Altersgerecht wohnen, das wird für viele zum Problem. Vielleicht ist man abhängig von Hilfe, braucht täglichen Beistand, was dann? Jeder ältere Mensch muß beizeiten darüber nachdenken, damit er nicht so ausgeliefert ist, wenn die Probleme plötzlich anstehen.

In alten Zeiten funktionierte die Großfamilie noch. Auch Lores und meine Mutter haben, als sie allein nicht mehr zurechtkamen, bei uns gewohnt. Sie sind auch beide bei uns gestorben.

Die Altersheime, so wie sie heute meist funktionieren, weisen viele Mängel auf. Selbst gutgemeinte Hilfe von seiten des Pflegepersonals bewirkt, daß ältere Menschen immer unselbständiger und damit immer abhängiger werden. Zum Schluß vegetieren viele nur noch vor sich hin, haben allen Lebenssinn verloren.

Menschen, die mehr Geld haben, kaufen sich in ein Seniorenheim ein, wo sie eine kleine abgeschlossene Wohnung für sich haben.

In den USA gibt es ganz neue Projekte, Wohndörfer für alte Leute. Da haben sie alles, was sie brauchen, auch die Geselligkeit, die so vielen alten Menschen fehlt. Sie vereinsamen ja häufig, weil sie ihre Freunde nicht mehr besuchen können, wenn sie zu gebrechlich sind.

Wiederum besteht die Gefahr, daß diese Wohndörfer die alten Menschen vom übrigen Leben abtrennen. Das kann auch nicht gut sein, weder für die Alten selbst noch für die jüngeren Generationen.

Trude Unruh, nomen est omen, die Frau, die die *Grauen Panther* gegründet hat, setzt sich wirklich für die Belange alter Menschen ein. Aber so viele der berühmten Alten, die auch über die notwendigen Mittel und den Einfluß in der Öffentlichkeit verfügen, haben sich zurückgezogen, sich abgeschottet. Ich glaube, auch das ist eine Seite des Alters, daß man sich nicht mehr so sehr für die anderen interessiert. Ich kann diese Haltung zwar verstehen, aber ich teile sie nicht.

Ich gehöre einem Kuratorium an, das die ehemalige Familienministerin Hannelore Rönsch gegründet hat. Das Kuratorium will die Lebenssituation in den Altersheimen untersuchen und verbessern. Im Rahmen der Kampagne „Daheim im Heim" bemühen wir uns, Gelder zu bekommen und damit einzelne Projekte zu finanzieren.

In Weimar gibt es das Marie-Seebach-Stift, ein Haus für alte unbemittelte Schauspielerinnen und Schauspieler. Dort werden wir demnächst einen neuen Fahrstuhl einweihen, den das Kuratorium finanziert hat. So wie ich mein Honorar für eine große Zuckmayer-Lesung gestiftet habe, tut jeder in diesem Kuratorium das, was er kann.

Auf diese Weise konnten wir schon mehreren Altersheimen helfen. Auch wenn es um Renovierungen ging, gerade in den neuen Bundesländern.

Das ist eine Aufgabe, der ich mich sehr verpflichtet fühle.

# KAPITEL 20

## WIR HÄNGEN AN DER SCHNUR EINES PENDELS

*„Wir hängen alle nur an der Schnur
eines Pendels, wenn es abwärts schwingt,
muß man nicht gleich fürchten,
daß die Schnur reißt.“*
(Karl Heinrich Waggerl)

Es geht auf und ab im Leben, bei jedem einzelnen und insgesamt. Selbst am tiefsten Punkt aber dürfen wir die Hoffnung nicht aufgeben, wieder nach oben zu schwingen. Das sogenannte positive Denken, früher hieß das Hoffnung und Selbstvertrauen, hält den Menschen am Leben und gibt ihm Kraft.

Positives Denken heißt nicht unbedingt, zu allem Ja und Amen zu sagen. Positives Denken bedeutet für mich, zuversichtlich in die Zukunft zu schauen und mich aus Lebenstiefen immer wieder herausziehen zu können. Und wenn mir selbst einmal die Kraft dazu fehlt, dann vertraue ich auf den großen Uhrmacher, der uns alle ins Leben gerufen hat. Er wird das Pendel meiner Lebensuhr schon beizeiten wieder nach oben bewegen. Ein Leben braucht Höhen und Tiefen.

Jedem sollte klar sein, daß wir verantwortlich sind für das, was wir tun, aber auch für das, was wir nicht tun. Nicht immer ist es bequem, eine Meinung zu haben und sie auch öffentlich zu vertreten. Ein Mensch wie Eugen Drewermann, der Mut zeigt und Kraft, auch Ächtung auszuhalten, verdient unsere Bewunderung. Solche Querdenker brauchen wir.

Wir brauchen sie in den Parteien, im Wirtschaftsleben und auch wenn es im Alltag gilt, Zivilcourage zu beweisen.

Ich bin immer noch neugierig auf das Leben, bin jung im Kopf und halte mich offen für Neues: für neue Menschen, neue Situationen. Ein Mißerfolg kann mir nicht lange zu schaffen machen, ich lerne daraus, entwickle mich weiter. Ich liebe die Harmonie, aber Probleme müssen geklärt und nicht unter den Teppich gekehrt werden.

Wenn ich meine Mitmenschen achte und respektvoll mit ihnen umgehe, ein Lächeln für Fremde habe und eine Freundlichkeit für den Nachbarn oder den Kollegen, dann gelingt es mir ganz leicht, das positive Denken in die Tat umzusetzen.

Mein Lohn?

Ich erhalte mir den Spaß am Leben. Ich würde mir wünschen, daß ich mit dieser Lebensfreude auch andere anstecken kann.